すぐ結果が出る！

営業の「超」基本！50

松田友一

すばる舎

プロローグ

自信をなくした営業が、「年収2000万」稼ぐようになった!

ガゼン売れるようになる「9つのトーク」とは?

アポ取り段階で、つまずいて……

「○○さんのご紹介ですから、ぜひお目にかかりたいです」
「いつ頃だったら、お時間を取ってくださいますか?」

いつも、元気に前向きな姿勢を忘れず、積極的なアプローチをしていた27歳保険営業のOさん。

Oさんは、かつてエネルギー関連の会社で営業をしていました。

そこでは法人が主な取引先で一定の成績を上げていましたが、知り合いからの誘いもあり、収入UPが見込める今の会社に転職したのです。

でも、いざ現場に出てお客さまにセールスすると、全く売れない――。

くる日もくる日もお客さまに電話をかけるのですが、1件のアポイントを取ることさえも、やっとの状態。お客さまの「断り」「反論」が続き、電話をかけること自体怖くなっていきます。

理由がわからず、解決策が見い出せないまま数ヵ月が過ぎ、困った挙げ句、私が主催する営業研修に見えたのです。

Oさんのように、前向きでやる気があるのに、営業成績が追いついてこない方がたくさんいらっしゃいます。そして、頑張り方がわからない、何をどうすればいいのかわからない……このように悩んでいる方がとても多いのです。

「売れないパターン」から脱するために

私はまず、Oさんの売り方のスタンスを見るために、アポ取りからプレゼンまでの流れをリサーチしてみました。そこで確信しました。「このままでは伸びない」と。

冒頭で記しましたが、**そもそものアプローチが、売れない営業のパターンにはまっています。**

「時間を取ってください」「話を聞いてください」というトークは「自分本位」のアプローチ。営業マンの「売りたいモード」「成績を上げたいモード」が出ているのです。

警戒心を抱いたお客さまは「売り込みに来られては困るな」という気持ちがわいて、時間を取ろうとは思いません。

では、何と言えばいいのか。たとえば、

「ご都合のいい時間で結構です」

「長く時間をお取りになる必要はございません」

これは、「お客さま本位」のアプローチです。なぜなら、お客さまの都合を優先し、お客さまの予定に合わせようとしているからです。

些細な違いにすぎませんが、このように、お客さまの視点でアプローチすることが、信頼関係を築くことにつながり、面談から商談へとコマを進めるカギになります。

売りたい一心で言っているのか、顧客の利益を考えて真剣に提案しているのか。

お客さまはこの違いを敏感に感じ取り、面談の時間を取るべきかどうかを瞬時に判断しているのです。

「売れるトーク」を徹底伝授！

売れる営業と売れない営業は、何が違うのか？

それは「お客さまの視点」に立って、セールスする姿勢があるかどうかの差です。

とはいえ、どうすればお客さまの視点に立てるのか、と疑問に感じる方もいるでしょう。Oさんも、そう感じた一人でした。

「誰でも簡単に取り組めて、成果が出る方法があります。やってみますか？」

こうして、Oさんと私は売れる営業になるための特別セッションを始めたのです。

とりわけ肝になるのが、「トークのブラッシュアップ」です。

事前にお客さまが求めていることを予測して、トークの内容に盛り込むことが欠かせません。トークの展開方法などを一から見直す必要があります。

そこで、私は「トークのシミュレーション方法」を伝授することにしました。

これはお客さまの「心の声」を「質問」に置き換えてトークを練る方法。

お客さまが抱えているであろう不安、疑問を「9つの質問」（13〜15ページ参照）にまとめ、それぞれに答える形でトークを練ります。

アポ取り時はもちろん、プレゼン時のトークにも応用できるため、一度ひな型をつくっておけば、自在にアレンジすることができます。

早速、Oさんにも、「9つの質問」に沿ってトークを組み立ててもらいました。

お客さまの心の中にある不安、疑問の一つひとつに答えていくうちに、これまでどのような視点が欠けていたのか、トークにどのような言葉を盛り込めばお客さまの期待に応え、お客さまの心に響くのか、そのコツがだんだんわかってきたそうです。

この作業と並行して、Oさんにはアポ取りの様子をボイスレコーダーに取り、文字起こしをしてもらいました。ボイスレコーダーには、トーク内容のみならず、息づかいや声のトーンなどが鮮明に録音されているため、お客さまにどのような印象を与えているのかがわかります。

お客さまの反応を確認せずに、息せき切って話したり、結論を急ぎすぎたりするトークの数々。Oさん自身、「私はこんな対応をしているのか」と驚いていました。

こうしてトーク力を磨くと共に、お客さまへのアプローチ方法を点検、改善することで、さらなる営業力をつけたOさんに、一ヵ月後、驚くような変化が表れました。

お客さまに「頼られる存在」に！

まずはアポ取り率が変わりました。

以前は、とりつく島もなかったお客さまの反応が一人、二人と変わっていき、立て続けにアポが取れるようになったのです。

Oさん自身、「反論」されることが以前ほど、怖くなくなったそうです。反論は、お客さまの「心の声」が不安や疑問として表れたもの。その声を受け止めなければ、商談を前に進めることができないと、身にしみてわかっていたからです。
お客さまの心の声を想定して、トークを練る。
明確なロジックでちゃんと提案する。
この好循環で契約の決定率がグングン上がっていきました。

お客さまのニーズを一つひとつ満たしていくうちに、お客さまも営業マンを認めるようになり、こんな相談を持ちかけるようになります。

「だったら、わが家の資産運用に関して、相談にのってよ」

「ウチの会社の節税について、相談したいんだけど」と。

今度は、相談に乗る側になるんですね。
その後、一年も経たずしてOさんの月収は、20万円台から150〜170万円台へと跳ね上がりました。今では年収2000万円に手が届くところまできているそうです。

「営業前の準備」がミソ

Oさんが売れるようになった理由——。

それは、「売れる営業の基本」を一から身につけたからです。

つまり、営業には「成果に結びつく基本」があるというわけです。

挨拶や身だしなみといった、ビジネスマナーを身につけることは大切ですが、これらは、できて当たり前のことであり、売れる決定打になるわけではありません。

実は、営業に対する心構えに始まり、売り方に至るまで、些細な点を見直すことで、多大な成果を出すことができます。

いわば、売れる人がつねに大切にしている基本といえるでしょう。

その一つが「営業前の準備」をしっかり行うことです。

とりわけ大事なのが、セールストークを準備すること。

しかも、「お客さまの心の声」に答えた有用なトークであることが欠かせません。

どのような営業場面でも、事前にトークを準備することで、確実に成果が出るようになります。まずは、売れるための基本をしっかり身につけること。すべてはここから始まります。

さあ、「成果を生む基本」を身につけよう

誰でも最初からどんどん売れるわけではありません。たとえ、営業マンとしての売れる種を持っていたとしてもです。

ほとんどの方がずっと、「売れるようになりたい」「しかし」の堂々巡りに長い時間を費やしてしまいます。でも、やり方さえわかれば、誰でも営業マンとしての種を実らせ、花開かせることができます。

成果を出すために、すべきことは何なのか——。

本書では、一刻も早く成果を出していただくための営業ノウハウを「超・基本」と位置づけて、わかりやすく解説していきます。

どれも、私が延べ20万人以上の営業マンに研修を行い、誰でも確実に成果が出せるように改良を加えてきた営業ノウハウです。必ずや読者の皆さまのお役に立つことをお約束いたします。

こんな「準備」で売れるようになる！

事前に「トーク」を練っておく！

- ポイントは、お客さまの「心の声」を想定してトークをつくること

- お客さまは、購入を決めるまでに「９つの質問」をもつ

- 「９つの質問」に答える形でトークを作成すればOK

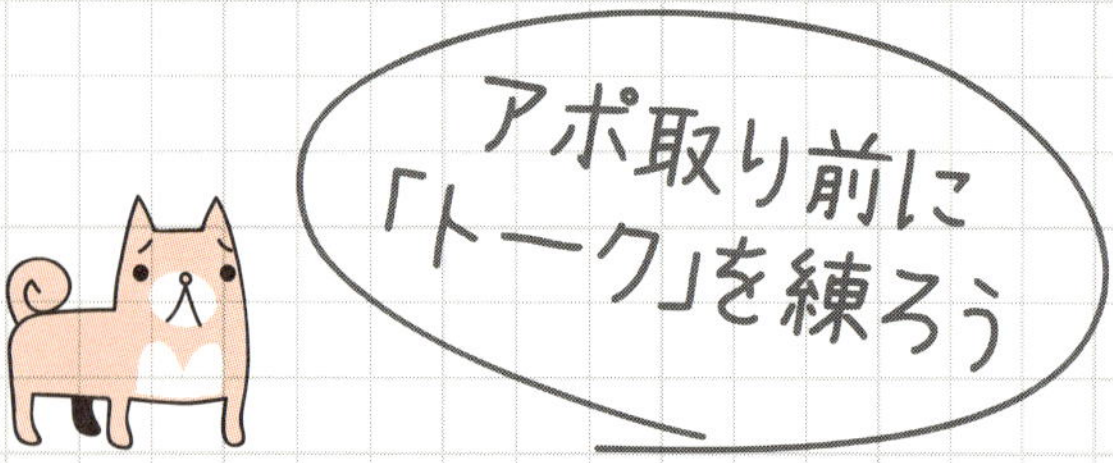

お客さまの「9つの質問」とは？

①なぜ君に会うのか？
②なぜ話を聞くのか？
③私の質問は何か？
④解決策は何か？
⑤なぜ君を信用するのか？
はじめてお電話を差し上げます。○○社の鈴木と申します。わが社は△△販売では老舗でございまして、この度、ご挨拶と新商品のご紹介でお電話いたしました。

お客さま
⑥なぜ君の会社を信用するのか？
⑦なぜ君の解決策が最善か？
⑧なぜ行動を起こさなければならないのか？
⑨なぜ今、会うのか？
※プレゼン時……
なぜ今、買うのか？

質問⑤〈個人的信任〉

「なぜ君を信用するのか？」

……再度、自己紹介をして、個人的信任を勝ち取る

「この仕事が大好きで営業をやっておりまして、
また会社の商品に惚れ込んでいます。中途半端な気持ちではなく、
生涯、頑張ってやっていこうと思います」

質問⑥〈会社の信任〉

「なぜ君の会社を信用するのか？」

……データを示して、会社の信任を確立する

「私どもの会社は、創業者が『お客さまに最高の満足感をお届けする』
というポリシーで立ち上げ、多種多様なお客さまにメリットを
提供させていただいております」

質問⑦〈ユニークさを立証〉

「なぜ君の解決策が最善か？」

……詳しく説明して、ユニークさを立証する

「導入後に、その効果がすぐおわかりいただけます」

質問⑧〈利益・特質の要約〉

「なぜ行動を起こさなければならないのか？」

……話を要約して、頭を整理していただく

「納入まで、多少お時間がかかりますので、早いほうが良いと思われます」

質問⑨〈日時の約束〉

「なぜ今、会うのか？」（「なぜ今、買うのか？」※プレゼン時）

……今行動を起こすべき特別な理由を強調して決断を促す

「すぐに効率ＵＰを図れるものですので、いつ決められても良いという
余裕はないと思っております」

「９つの質問」に応じたトークの実例

質問①〈自己紹介〉
「なぜ君に会うのか？」
……自己紹介をして警戒心を解く

「はじめてお電話を差し上げます。○○社の鈴木と申します。
わが社は△△販売では老舗でございまして、この度、ご挨拶と
新商品のご紹介でお電話いたしました」

質問②〈最初の利益説明〉
「なぜ話を聞くのか？」
……最初の利益説明をして、話の焦点をしぼる

「御社の『生産性の向上』『コスト削減』のために、
お役に立てる情報がありますので、
ぜひ、情報提供だけでもさせていただけたらと思います」

質問③〈問題の存在を示す〉
「私の質問は何か？」
……問題の姿を明らかにして、気づきを促す

「今すぐではないかもしれませんが、いずれ必要だという
ときのために、お役に立てることが、あるのではないかと思います」

質問④〈特質と利点〉
「解決策は何か？」
……特質と利点を述べて、メリットを感じさせる

「他の業種の皆さまにも、大変喜んでいただいている商品です」

目次

2章

ココで差がついていた！ 成果が出る「営業の基本」

売る姿勢&スキル次第で見違える

3章

「新規開拓力」はこんなアプローチの積み重ね

まずはドンドン動いてみよう

4章 アポ取り・飛び込みはこの「最強トーク」で絶対にうまくいく！

「9つのトーク」をフル活用する

5章 高確率でYESになる！ 先手必勝の「プレゼン技法」

伝える順番が決め手になる

6章

反論をすんなり解消して「クロージング」に入る方法

「質問技法」&「支持トーク」で決断へと導ける

7章 このクロージングでどんなお客さまも喜んでYESと言う！

失敗しない「クロージング」の極意

装丁――鈴木大輔（ソウルデザイン）
レイアウト・挿絵――草田みかん

1章

わずかな「準備」が売れるための決定打！

あなたも、ホントはもっと売れる人です

No.1

こんな「気づき」で私は変わった

スキルも自信も全くなかった

新人時代、私もアポ取りの壁をなかなか突破することができませんでした。

元来口ベタにもかかわらず、出たとこ勝負で、場当たり的に電話をかけ続けているのですから、よい結果を得られるはずがありません。

しかも、「気合いがあれば商談はまとまる」と思っていて、飛び込み訪問やプレゼンのときも、やはり準備不足のままでした。

そんな私がなぜ、最悪の状態から脱することができたのか。

答えは実にシンプルで、事前にセールストークを準備するようになったからです。

もともと口ベタなのだから、事前にしっかりとトークを練っておこう、準備したトークでなんとか対応したい。

このように発想を切り替え、トークの組み立て方にも知恵を絞りました。

そんなある日、ふと気づきました。どんなお客さまも、口には出さない不安や疑問を抱えていると――。

「自分がこの営業マンと会う理由が何かあるのか？」
「この営業マンの話を信用しても大丈夫か？」
「商品を買うメリットは本当にあるのか？」
「買ってから、後悔しないか？」

こうした心情を汲まずにセールスすると、ガードがますます堅くなってしまいます。

「疑問や不安な気持ちを受け止めないと、信頼関係は築けない」
「お客さまの心の声に、応えてみたらどうだろう」

これなら、どんなタイプのお客さまも拒絶感はもたないはずです。売り込みが苦手な私にもぴったりの方法でした。

No.2

お客さまの「心の声」に応えると、YESがドンドン飛び出す

すごい反響にびっくり

セールストークの準備段階で、さまざまな試行錯誤を経て、こんな答えにたどり着きました。

「どんなお客さまも潜在的に『9つの質問』をもっている」と。

その後、アポ取り前に、この「9つの質問」に沿ってセールストークを組み立てたのです。

効果は目に見える形で表れました。電話口に出るお客さまの反応に、ある変化が起きたのです。これまでは、営業マンだとわかったとたんに、ガチャリと電話を切られることが多かったのですが、しだいに相づちを打ったり、話にジッと聴き入るお客さまが増えました。自信をもった私は、さらにセールストークに磨きをかけ、アポ取りの電話をかけ続けました。

日増しにアポの件数が増えていき、一週間に1件のアポが取れればよいほうだった私が、ある日を境にバンバン、アポが取れるようになりました。

アポの件数が増えれば、商談の回数も自然と増えていくものです。営業の場数をどんどん踏むうちに、自信も実力もグングンついていきました。

しだいに、どんなタイプのお客さまの前でも動じることなく、プレゼン、クロージングをスムーズに行って成約に導けるようになったのです。

アポ取りの壁を突破すること。これがすべての営業活動の成果を支え、売上げ増大へと導く原動力になりました。

すべての営業場面で使える方法

お客さまの「9つの質問」に沿ってトークを練る。
この準備をしっかり行うことが、売れる最大の決め手となったのです。

電話で面会を取りつけるとき。
アポ取り後の面会やプレゼンのとき。
いよいよクロージングという段階に入ったとき。

このように営業の各場面で、「９つの質問」に沿ったセールストークを準備することで、どのような営業場面でも、お客さまから思い通りにＹＥＳを引き出せるようになります。

成果が出るのは間違いなし

売れるようになる決め手は、営業前の準備、とくにセールストークづくりにあることがわかっていただけたと思います。

営業前にトークを準備することは、売れる人たちの多くが実行していることです。ぜひ、本書を参考にしながら、売れるノウハウをつかみとってください。

なお、２章では、売れる営業になるための基本を具体的に紹介していきます。４章以降からは、「９つの質問」をベースに営業活動の基本となるトークの練り方、契約へと結びつく最強のシナリオのつくり方を説明していきます。

成果に直結する「営業の基本」を紹介していきますので、ぜひ参考にしてください。

人並み外れた根性、センスを備えている人など、ほんの一握りです。

売れる営業になるためのコツをつかみ、それを実行すること。この継続こそ、売れる営業マンになる確実な道といえます。

2章

ココで差がついていた！成果が出る「営業の基本」

売る姿勢&スキル次第で見違える

No.1

仕事の見方も成果もガラリと変わる「営業の基本」とは？

売れる人ほど、こんな基本を大切にする

売れるようになる最大の決め手は、営業前の準備にあるとお話ししました。

具体的にいえば、セールストークを練ることです。これこそ、成果に最も直結する営業スキルといえます。

準備の大切さは、営業活動を行っている私自身、日々実感しています。

これまでに指導してきた多くの営業マンたちも、電話でのアポ取りや飛び込み訪問に対する苦手意識から解放されて、次々と目覚ましい成果を上げています。

最初は面倒に感じるかもしれませんが、コツさえつかめば、売れるトークをスイスイ組み立てられるようになるので、安心してください。

この他にも、成果を生み出す営業の基本はいくつかあります。

読者の皆さんのなかには、売るための凄いノウハウがあると、期待していた方もいる

こんな「営業の基本」を身につけよう

スキル

- **アベレージ力**（40P〜）
- **セールストーク力**（43P〜）
- **聴く力**（46P〜）

＋

マインド

- **「ビジョン・トリガー」を活用する力**（66P〜）
- **「素の自分」で売る力**（54P〜）
- **自分もお客さまも尊重する力**（58P〜）

かもしれません。

たしかに、売るための高等テクはあります。

しかし、それらを自分のものにして、使いこなすには相当時間がかかりますし、劇的に売れる手法というのは、副作用も大きいものです。一時はうまくいっても、テクニックに頼りすぎると、お客さまとの信頼関係が崩れてしまいかねません。

こうした手法に頼るよりも、本当の意味で、売れるようになる基本を一から身につけて、体質を改善した方が、はるかに応用が利くのです。

あなたの周りにいる、売れる人をじっくり観察してみてください。

いろいろなタイプがいるにせよ、長く売れ続けている人ほど、基本に忠実なものです。彼、彼女たちが日々実践しているのは、「売れるための営業の基本」です。

一つひとつは、小さなことではありますが、続けることで大きな実力の差となって表れるのです。

売る姿勢で、成果は見違える

では、いよいよ売れる営業の基本を紹介していきます。

営業の基本は「スキル」と「マインド」にわけて考えるとわかりやすいでしょう。

基本となる「スキル」においては、「アベレージ力」「セールストーク力」「聴く力」の3つを重視します。

これらの身につけ方については、これからじっくり説明していきます。

肝心なのは、営業に対する「心構え」「売る姿勢」、つまり「マインド」です。

マインドをきちんとセットすることで、自分に自信がもてますし、お客さまとの関係が面白いほど変わっていきます。

「スキル」と同様、「マインド」も以下の3つを重視します。

とりわけ大事なのが**「ビジョン・トリガーを活用する力」**です。

「ビジョン・トリガー」とは、「自分のやる気に火がつく着火点」という意味で、これを探し、活用することで、自分の力を最大限に引き出しながら、仕事を楽しむ余裕が生まれてきます。

また、**「素の自分で売る力」「自分もお客さまも尊重する力」**も大事です。

ファーストアプローチ時のお客さまの反応は冷淡なものです。

そっけない対応ならまだしも、ＮＯの一点張りでとりつく島もない……。信頼関係など全く築けそうにないと、感じても無理はありません。かつての私も、そう思っていた一人です。

そんなときこそ、「自分の持ち味を生かす」「自分もお客さまも尊重し、自信をもって売る」という視点を忘れないでください。

自分の立場を必要以上におとしめたり、その場限りのトークで決着をつけたりすると、仕事がどんどん面白みのない、質の低いものになっていきます。自分に対する信頼も揺らいでしまうことでしょう。

お客さまとの関係がみるみる変わる

もしも、こうした状況に陥っていたら、本書を読んでリセットすることを勧めます。

お客さまに好かれるために、必要以上に明るく振る舞う必要はありません。

自分を卑下したり、ご機嫌取りをする必要もありません。

営業という仕事に自信とプライドをもちながら、淡々と売っていきましょう。

このように売る姿勢を見直すだけでも、お客さまとの関係は驚くほど変わっていきます。

自分に自信がわいてきた。仕事も楽しくなってきた。とてもやりがいを感じる。毎年、私の元には多くの営業マンたちから、こうした喜びの声が続々と届きます。

次項から、売れるようになるスキルとマインドについて、詳しく説明していきます。どれも効果は実証ずみです。あなたも一刻も早く、売れるための一歩を踏み出してみませんか。

No.2 目標数値を決めれば、アベレージも上がる

現状のスキルの標準値を知る

まずは「スキル」の説明から始めます。**1つ目は「アベレージ力」で、現状を把握し、営業スキルの標準値を上げていくことが目的となります。**

まずは、現状のアベレージを把握すること。これが出発点になります。

たとえばアポ取りの場合、1件のアポを取るために、何件電話をかければいいのかをつかみましょう。

10件で1件なのか、5件で1件なのか。一、二日間、集中してやってみれば、自分のアベレージがわかるはずです。さらに、三十分で何件にダイヤルできるかといった数字も把握しておくと、正確なアベレージが算定できます。

なお、アベレージを把握したら、次は、どの程度伸ばしたいのかという目標数値を設定します。この際に注意したいのは、全く手の届かない数字を設定しないことです。目

標を設定するときは、現状のアベレージを基準にして、頑張ればクリアできそうなレベルに設定するといいでしょう。

仮に「一ヵ月に100アポ」を目標にするとしましょう。営業日数が二十五日とすれば、単純に日割りすると、一日に4、5件はアポを取る計算になります。

妥当な目標かどうかは、自分のアベレージと比較してみればわかります。30件以上、電話をかけてようやく1件アポが取れる人にとっては高い目標ですが、数件、電話をかければアポが取れる人であれば、不可能ではありません。

アポ取りのダイヤル数にしても同じです。慣れれば、三十分で20件にダイヤルするのが標準的ですが、最初からクリアできる人はわずかでしょう。最初はダイヤル数のアベレージが三十分で5件でもかまいません。

そこからスタートして、その数字を10件、15件と伸ばしていくことが大事です。

数をこなせばアベレージは必ず上がる

私の場合、飛び込み訪問は、20軒回ってやっと1件のアポが取れるか取れないかというアベレージからの出発でした。つまり、20分の1の確率です。それを10分の1、5分の1というように、アベレージを上げていくことを目指しました。

たしかに最初は大変ですが、面会を約束してくださるお客さまが徐々に増えるにしたがって、「もっと結果を出したい」という欲が出てくるものです。

仕事がドンドン面白くなり、トークにますます磨きをかけながら、自信をもってアプローチできるようになりました。

面会を取りつける確率をいきなり上げるのは難しいので、まずは、表敬訪問はゼロにして、毎日1件はしっかり情報収集するという目標をもってもいいでしょう。大事なのは、数をこなしながら、現状のアベレージを上げていくことです。こうしたことが、営業全体の成果を底上げしていくのです。

No.3

この方法で、最強トークがつくれる！

トークの「シミュレーションシステム」がある

次に紹介するのが「セールストーク力」です。

売れる営業マンが、必ずしていることがあります。

それは、お客さまが購入を決める際に抱く、疑問や不安を解消すること。

そのうえで、購入後のメリットなどを的確に提案することです。

これをしっかり行って、すんなりクロージングへと導いています。

こうした「セールストーク力」が発揮できる理由は、事前にお客さまの反応を予測して、いくつかの打ち手を考えているからです。

これは、一連の手順を踏めば、誰でも簡単にできることです。

なぜなら、お客さまの心の声である「9つの質問」に、一つひとつ答えを出していけばいいからです。

いわば、「9つの質問」はトークのシミュレーションシステムです。

この質問に沿ってトークを組み立てれば、お客さまは疑問・不安を解消しながら、自ら納得して商品を購入しよう、と考えるようになります。

電話や飛び込みでのアポ取りはもちろん、プレゼン、クロージングといった営業の各場面で、確実に成果を出すことができます。

お客さまの「心の質問」を想定するのがミソ

本書の13ページでも紹介したように、お客さまの「9つの質問」は次のようなものです。

①「なぜ君に会うのか？」
②「なぜ話を聞くのか？」
③「私の質問は何か？」
④「解決策は何か？」

⑤「なぜ君を信用するのか？」
⑥「なぜ君の会社を信用するのか？」
⑦「なぜ君の解決策が最善か？」
⑧「なぜ行動を起こさなければならないのか？」
⑨「なぜ今、会うのか？（※プレゼン時は「なぜ今、買うのか？」）」

セールストークの組み立ても、この順序通りになります。①の質問から順番に⑨番目の質問に対する答えを出していけば完成です。

実際にはアポ取り、面会、プレゼン、クロージングなど、営業場面ごとにトークを適宜アレンジしていきます。

とりわけ、質問⑦⑧⑨に答えるトークは、プレゼン時に威力を発揮します。このトークを練り込むことで、面白いようにYESを取れるようになるので、ぜひ活用しましょう。詳しい内容は5章で説明しているので参照してください。

No.4

お客さまが心を開くのはこんなとき

コレで信頼関係が築ける

最後に紹介するスキルが「聴く力」です。

営業の基本は、8割が聴くことです。話すのは残りの2割だけ。このバランスを心掛けておきましょう。

私自身、そうでしたが、なかなか成績が上がらないときほど、「私の話を聞いてくれ」「私の勧める商品を買ってくれ」という姿勢でいるものです。

お客さまは内心、うんざりすることでしょう。多くの営業マンたちが、こうした態度でインターホンを押し、ドアを開けて自宅や店に入ってくるからです。

一方、聴く姿勢をもつと、「あなたを理解したい」という姿勢を示すことになります。

こんな営業マンがやって来たら、「他の営業マンとはどこか違う」「大事な情報を伝えてくれるかも」とお客さまは瞬時に感じるものです。これが、信頼関係を築くための第一歩となります。

何気ない言葉を大切にしていますか？

たとえば、電話の向こうでお客さまが「もう少し低価格なら、考えなくもないんだが」とつぶやいたとしましょう。

このとき、**「値引きはできません」などと頭から否定せずに、きちんと「聴いて」おくのです。**そして、面会に伺った際、

「先日のお電話で、〝もう少し低価格なら〟とおっしゃっていたかと思います。このようなケースなら、多少はランニングコストを低価格で抑えられるのですが」と、お客さまの要望に合わせて、販売プランを練ってきたことをお伝えします。

「私が何気なく口にしたことを覚えていたのか」とお客さまは好感をもつはずです。

こうして信頼関係を築いていくケースは多々あります。

それとは逆に、お客さまの話を右から左に流していては、「この間言っただろう」と指摘されてしまいます。

お客さまは、一度話した内容は営業マンは覚えているものと思っています。さりげないつぶやきに、お客さまの本音が表れることもありますから、素通りしてしまうと、好機を逃してしまいます。

お客さまが「求めていること」＝「ウォンツ」をしっかり聴きとること。これが的確な提案をするうえで欠かせない力になります。

お客さまを値踏みしない

ところが、売上げを伸ばしたいという気持ちだけが先行すると、知らず知らずのうちにお客さまの声を聞き逃してしまったり、本音を読み違えてしまったりします。

新人時代、私にも手痛い失敗例があります。

車の購入を検討していたお客さまは経営者、なんとか、購入検討をしていただく段階まで進みました。そのとき、お客さまが言いました。

「最近、車でゴルフに行く機会が増えているんだ。ゴルフ仲間も乗せるから、今よりも、ちょっと大きめの車にしようかな。皮のシートもいいな」

要するに、「仲間の車と比べてひけをとらない車が欲しい」、これがお客さまの求めるものでした。ちょっと考えればわかることです。

しかし、私は「予算に限りがあるだろう」と勝手に判断し、おそらくお客さまの仲間うちでも誰かが所有しているであろう、少しだけグレードアップした程度の車種をお勧めしてしまいました。すると、お客さまの機嫌がとても悪くなりました。

「お金の問題ではないんだ。心から納得して購入できる車が欲しいのに、なぜ最高グレードのものを勧めてくれないんだ」

そして、こう言われました。

「私には、最高グレードの車は買えないと思ったのか。それとも、出すお金に上限があると踏んだのか」

図星でした。お客さまの利益を把握できていないばかりか、お客さまを値踏みした結果の失態です。

お客さまも頭の中で、お金の計算をしていたはずです。しかし、支出とステータスを満たすことを天秤にかけたとき、後者を選んだのです。私は売り急いだために、折り合いのつく金額の車を提案してしまいました。

即座に至らない点をお詫びして、なんとか成約していただいたものの、あやうく商談が決裂するところでした。

「お客さまが求めていることをしっかり受け取ろう」

そう思って、耳と心をお客さまに向けていないと、先入観という魔物につけ入られてしまいます。

逆にいえば、つねにその姿勢を忘れなければ、先入観や勝手な思い込みにとらわれず、お客さまの本音に寄り添った効果的なセールスができるのです。

No.5

「聴く力」を伸ばすと、提案力もグンと増す

メリットを的確に提案できる

日々、ヒアリングに気を配ることで、数ヵ月もすると他の営業マンにグンと差をつけられるようになります。

「聴ける」営業マンは、お客さまの趣味や嗜好に合わせて商品やサービスの内容を伝えることができるからです。**いわば、「聴く力」が「伝える力」を育てるのです。**

たとえば、流行を追わないお客さまに、

「今度の車は、このような機能を備え、爆発的に流行しています」

と言っても、

「そう？　流行には関心がないな。実質本位でいいよ」

という答えが返ってくるだけでしょう。

でも、お客さまの求めるもの（ウォンツ）をしっかり聴いていれば、

「お仕事柄、小回りがきく車をお望みだと思います。この車なら、どんなに狭い道でも通り抜けられます」

このように、お客さまが、その商品を手に入れたときに、その商品がどのように役立つかの説明をしっかりすることができます。

プレゼンテーション・YESを取るのも夢ではない

この他にも、「問題解決ができる」「経済的な利益を得る」「よい気分を味わえる」といったように、ウォンツに合わせて、伝えるメッセージを変えていきます。

商品の特殊な特質が生む利益を伝える場合は、

「燃費がよくコストもかからないため、購入すると毎月の経費が20％削減できます」

今が利益を得られるチャンスと伝えることもできます。

「今なら下取りもこの価格でやらせていただきます。またとないチャンスですよ」

このように、ウォンツを踏まえ、お客さまが得られる利益をわかりやすく伝えることで、商品の価値を正確に伝えることができます。

お客さまも十分に納得して、

「そうか、そういうことなら購入を考えようか」

という決断を下すことができます。「聴く力」をつけることで、効果的な提案ができるようになる。まさに一石二鳥です。


なお、お客さまとやりとりしながら、その場で即座に利益に見合ったプランを提案できるようになるには、かなりの修業が必要です。

とくにプレゼン前は、提案する商品・サービスのプランをいくつか用意しておくといいでしょう。最高レベルのプラン、ちょっと下のプラン、もう少し下のプラン、というように準備しておくと安心です。ここまで準備しておけばプレゼンテーション・ＹＥＳを取るのも難しくなくなります。

No.6

信頼されるのは「素の自分」を出せる人

私の恥ずかしい失敗談

営業の基本となる「スキル」について、一通りおわかりいただけたと思います。

次に営業に対する「心構え」「売る姿勢」、すなわち「マインド」の説明に移ります。

「マインド」には、「素の自分で売る力」「自分もお客さまも尊重する力」「ビジョン・トリガーを活用する力」があります。

どうしたら、お客さまに一目置かれ、無理をせずに信頼関係を築きながら、商談を進めていくことができるのか。こうした観点から、「素の自分で売る力」「自分もお客さまも尊重する力」という2つのマインドについて説明します。

ひとつ目は「素の自分で売る力」です。

素の自分とは、ありのままの自分ということ。

口ベタなら口ベタな自分、押しが強くなければ、強くない自分。こうした素地が持ち味です。明るいキャラクター、目立つキャラクターといったように、人に好かれるキャラクターを演じる必要はありません。

自分をつくるということは、見せたくないところがあるということ。

たとえば、弱い自分を隠すために強気に出たり、直情型の自分を見せないために温厚そうに振る舞ったりして、素の自分を隠そうとすればするほど、ぎこちなくなり、信用されなくなってしまうものです。

新人時代、私はこの大切さがわからず大失敗しました。

ある方に、証券マンOさんをお客さまとして紹介していただいたときのことです。

Oさんは、とても優秀なバリバリの営業マンでした。Oさんとのやりとりの間、私はずっとOさんに合わせて、デキるふりをしていました。

話し口調などもカッコつけて、強気を装っていたのです。

無事に契約寸前まで至ったのですが、最後の最後でクレームがついたとき、隠していた素の自分が出てしまいました。デキる営業マンとはほど遠い、気弱な自分です。

「一見したときはデキる営業マンだと思ったけど、今のままでは契約できないな。正直言って、期待外れだったね」

このように引導を渡されてしまったのです。参りました。大失敗でした。幸い受注には至りましたが、紹介者の顔をつぶしてしまい、それっきりのお付き合いで終わってしまいました。

「デキる人」を演じなくていい

なぜ私は、無理してカッコつけてしまったのでしょう。

答えは単純です。素の自分では通用しないと思っていたのです。

つまり、自分に自信がなかったのです。見聞きした情報からデキる営業マンの姿を勝手にイメージして、それに近づこうとしました。

でも、演技は長続きしません。結局、大根役者ぶりが露呈してしまいました。

おそらく、私と同じように考えている方は少なくないことでしょう。

話しベタで、飛び込み営業が苦手。「今は忙しい」と断られるとハイと言ってしまう。

「営業に向いていないのかも」と悩んでいる人は、自信がないために、「自分をヘンにつくって」しまいがちです。

緊張感を隠さなくてOK

しかし、演技などする必要はないのです。緊張感を隠す必要もありません。

ちょっとぐらい声が震えたり、話に詰まったりしても、それはその人の持ち味です。

むしろ、その真剣さに好感をもつお客さまは少なくないものです。

寡黙な人、口ベタな人が、つくり笑いや慇懃《いんぎん》な笑顔を浮かべないほうがいいのです。

堅物で、実直で、きまじめなヤツが来たなと思われてもいいのです。

こんな営業マンが、ぽつりぽつりと漏らす言葉は、ときとして、お客さまの信頼を呼び込みます。

営業の基本は「自分をつくるな」です。営業マンの持ち味と、セールストークがマッチしたときに初めて、お客さまは「信じてもいいかな」と感じるからです。

「そうはいっても、今の自分には自信がもてない」

このように感じる人もいるかもしれません。今はそのままでOKです。あがってしまってもOK、流ちょうに話せなくてもOK、声が震えてしまってもOK。

とにかく現状の自分を出してみることです。これだけでも、お客さまは徐々に警戒心を解きながら、耳を傾けてくれるようになるはずです。

No.7 お客さまの判断をちゃんと「支持」していますか？

言ってはいけない、こんな一言

次に**「自分もお客さまも尊重する力」**についてお話しします。

自分に自信がもてない、成果をなかなか出せないときは、セールストークも気弱になりがちです。とくにアポが取れない日が続くと、ひどく打ちひしがれて、電話をかける声にも力が入らず、つい腰が引けた発言をしてしまうものです。

「決して売り込むつもりはないんですよ」

「私の話が絶対というわけではありません」

「絶対に買い換えないと損だというわけではない

んですよ」

こうした言動は、「私は信用できる営業マンではありません」「自社の商品が絶対というわけではありません」と宣伝しているようなものです。

本当にそうなのでしょうか。ネガティブな発言を並べ立てることは、お客さまに最善の選択をしていただく機会を自ら逸していることになります。

これでは、前向きに検討しようと考えているお客さまであっても、気持ちが一気に冷めてしまうでしょう。

本来は「お客さまに最高の商品やサービスをご提案している」という自負心をもって、お客さまの判断を後押ししていく必要があります。私はそれを「ティーアップ力」と呼んでいます。

迷いや不安を取り除いていこう

「ティーアップ」とは「尊重する」という意味。お客さまを「ティーアップ」するとは、お客さまの「判断」を支持することです。

「お客さまの選択は間違いではありません」

「間違いない商品と会社を選択されています」
「お客さまが疑いをもつ必要はないですよ」

こうしたメッセージを伝えて、お客さまの背中を押してあげるわけです。

商談中、お客さまの心にはいろいろな迷いや不安が渦巻くものです。「買ってから後悔しないだろうか？」「この営業マンの話は信用できるか？」「私はベストな選択ができるだろうか？」こうした気持ちを汲み取りながら、決断へと促すのがティーアップ力です。

背中を押す一言とは？

たとえば、最終場面でお客さまが購入を迷っているとしましょう。その際、

「お客さまは選択眼も判断力もある方です。必ず、正しい判断ができる方だと信じております」

このようにはっきり伝えてもかまいません。お客さまの決断を100％支持するわけです。

なお、判断を下すのはお客さま自身です。営業マンのほうから「どうです、いい商品でしょう！」「後悔はしませんよ」などと、価値の押し売りをしないことです。

お客さまが迷っているときは、

「このことで木村さまは、メリットを得ていただけますか？」

「木村さまも同感ですよね？」

このように感想を確認しながら、情報を整理していきましょう。

お客さまも「いい営業マンだな」「会社できちんとした教育を受けているな」というように、営業マンを肯定的に捉えるようになります。

購入後も喜ばれる提案の仕方

ティーアップするときは、「お客さまのことを第一に考えて」が基本です。

自分がよく思われたいために使う、おだてやおべっかとは根本的に違います。

口先だけうまいことを言っていても、お客さまは本心をすぐに見抜きます。

しかし、**「お客さまのことを第一に」の原則を守りさえすれば、お客さまの意に反する提案がティーアップになることだってあります。**

「お客さまの課題を解決するには、別の商品のほうがふさわしい。お客さまの意に反するが、きちんと説明すればわかっていただける」

こんな確信を得たときには、

「とんでもありません。木村さまには、ぜひともこちらの商品のほうがよいと思います。なぜなら……」

このようにお客さまの判断力を信じて、妥協せずにきちんと提案してもいいのです。お客さまが本当に満足できる商品を勧めることで、購入後も必ず喜んでいただけるはずです。本気の姿勢を示すことで、信頼感もグッと増すことでしょう。

「これだけよい商品であれば、必ずお客さまに満足していただける。的確な情報を差し上げれば、お客さまもきちんと判断してくださる」

と心の底から思えれば、お客さまの心に必ず響くものです。

No.8

一目置かれるアピール方法がある

自分や会社の長所をもっと伝えよう

「どうせなら、デキる営業マンから買いたい」

これがお客さまの本音です。

では、どんな営業マンが、いい営業マンなのでしょう。

それは、所属している会社や自分に自信をもっている営業マンです。

申し訳なさそうに、うつむき加減で話す営業マンと、生き生きと目を輝かせながら話す営業マン。あなたは、どちらから買いたいですか。

答えは明らかでしょう。もちろん、自社の商品・サービスを信頼して、自信をもって売っている営業マンです。

ティーアップする対象、つまり、尊重する相手はお客さまだけにとどまらず、営業マン本人や会社も含まれるというわけです。たとえば、

「新人ですから、要領よく説明できない点があるかもしれません。その分、一生懸命、頑張らせていただきます」

「今はまだ、会社の規模が小さいかもしれませんが、大手にもひけは取りません」

こうして、どのような点が優れているのかをしっかり伝えます。

ぜひ、自分や会社をティーアップして、「お客さまの選択は間違いではありません」というメッセージを伝えていきましょう。

静かな自信と気迫は最高の武器になる

かつての私がそうだったのですが、営業成績が振るわずに自信を失っているときや、会社に不満があるときは、自分や商品のアピール点がなかなか見つからなかったものです。

こうした気持ちになったときは、次のような視点で仕事に取り組んでみましょう。

アベレージを上げるために適切な目標を定めているか。

目標を達成するために必要なスキルは十分か。

一つひとつを点検していくと、まだまだ、自分の伸びしろが、たくさんあることに気づくはずです。とにかく、今できることを見つけてみる。こんなふうに考えてみると、自分の長所にも目が向きます。

まずは、意識的に自分、会社、お客さまをティーアップしてみましょう。これが、自らのメンタル面を強化することにもつながります。

売れる営業マンからは、静かな自信と気迫が感じられます。言葉にも重みがあり、この人なら信頼できそうだ、と感じさせる雰囲気をたたえています。これは、意識的な訓練のたまものともいえるのです。

No.9

「ビジョン・トリガー」が成果を出す原動力に！

どうしたら、モチベーションを維持できる？

これまでに、3つのスキルと2つのマインドの説明をしてきました。最後に、3つ目のマインドである**「ビジョン・トリガーを活用する力」**についてお話ししておきましょう。

営業マンであれば誰でも、心の底から「目標を達成したい」と願っているはずです。でも、なかなかできない。これが現状ではないでしょうか。

対照的に、売れる営業マンは、モチベーションを維持しながら、目標に向かって粘り強く突き進んでいます。この差はどこから生まれるのでしょう。

実は、**売れる営業マンたちは、「ビジョン・トリガー」（37ページ参照）を積極的に活用しています。**

「ビジョン・トリガー」とは、モチベーションが上がる引き金のこと。

人によってさまざまで、上手に活用すれば、自分のやる気を引き出して、必要な行動を継続できるようになります。

こんな「ビジョン・トリガー」がある

人はどのようなきっかけで、モチベーションを高めたり、それを維持できるようになるのでしょうか。

アポ取りが苦手だった新人営業マンSさんを例にとってお話ししましょう。

Sさんの「ビジョン・トリガー」は、電話をかけ続けることにありました。1、2件、電話をかけただけでは、全くやる気はわいてきません。

でも10件以上、電話をかけ続けると、どんどん血の巡りがよくなって、声にハリが出てきます。会話のテンポがよくなって、スムーズに話せるようになっていきます。

断られてもなぜかきつくない。

あれっ、調子が上がってきたぞ。

こんな感覚をもつようになるのです。電話をかけ続け、ある一定の件数を超えた辺りで、いきなり調子が上がってくる。自分の心にバーンと引き金が引かれるわけです。

一、二週間続けてみよう

実は、Sさんのように、一定数の電話をかけ続けることが、「ビジョン・トリガー」になっている人は少なくありません。

「10分以上、電話で話すとノッてくる」
「10件以上、電話をかけると調子がよくなる」

といったように、人によって実にさまざまですが、その件数、その時間がその人なりの「ビジョン・トリガー」なのです。

まずは、自分の「ビジョン・トリガー」を探してみましょう。

Sさんのように、電話をかけ続けて、モチベーションが上がるきっかけを探してもいいでしょう。あるいは、

「とにかく、一通り話をする」
「お客さまの悩みをじっくり聴く」

このようなことが実行できたときに、モチベーションが上がる人もいるかもしれません。自分の「ビジョン・トリガー」を探し、一、二週間続けて「ビジョン・トリガー」を引き続けます。すると、数週間後には、10件、20件はラクラク電話をかけられるよう

になっていきます。

どんな活動にも必ずモチベーションを上げる引き金があるものです。

その引き金は何かを突き止めて、引き続けるのです。毎日の活動に驚くほどパワーがわいてきて、目標をやすやすと達成することができるようになります。

電話のアポ取りをラクにする方法

誰でも得意なことや好きなことなら、難なく始められますし、続けられます。

しかし、仕事には好きではないし、得意でもないが、続けなくてはならないこともあります。そういうときに役立つのも、この「ビジョン・トリガー」です。

ある営業マンは、電話のアポ取りが大の苦手でした。朝の会議が終わって席に戻り、同僚たちが

じゃんじゃん電話をかけ始めるなか、いつも何か他の用事をつくったり、ぐずぐずして、電話にさわろうとしませんでした。

近くで見ている上司にうるさく言われて仕方なく電話をかけ始めますが、受話器がバーベルのように重く感じられたと言います。

彼の場合、ネックになっていたのは、1件目の電話でした。そのとき、本人は気づいていませんでしたが、彼はひとたび電話をかければ、次々と電話をかけられるタイプの営業マンでした。しかし、「電話のアポ取りが苦手」という思い込みがあるため、1件目の電話をとても高いハードルのように感じていたのです。

時計のアラームの意外な活用法とは？

そこで、彼は自ら引き金を引く方法を考え出したのです。**それは、1件目に電話をかける時間帯に時計のアラームを鳴らすことでした。**強制的に受話器を上げることを自分に課したのです。

その試みは見事、成功しました。しだいに電話をかけることへの抵抗感が消えていき、自然と受話器を取ってアポ取り電話をかけられるようになったのです。

日に日にアプローチ件数が増えていき、アポ取り件数も順調に伸びていきました。**この営業マンの場合は、「1件目の電話をかける」という「ビジョン・トリガー」で、アポ取り件数を伸ばすことに成功したのです。**

自分の「ビジョン・トリガー」を見つければ、成果を出すまでの時間が極端に短くなります。そのうえ、モチベーションが維持できるので、多少の頑張りも苦になりません。自分のペースで、次々とアベレージを伸ばしていけるので、仕事も楽しくなっていきます。

親しいお客さまからエネルギーをもらう

かつて私も、知り合いのお客さまに何件か電話をかけ、気分を乗せてから、アポ取り電話をかけていたものです。

当時、八時半から朝礼が始まり、八時三十五分から課別にミーティングをしていました。多くの営業マンたちは九時から現場に出かけます。しかし、私の場合は、九時から

九時半にかけて、得意先の台帳の一番目から「調子はいかがですか」と片っ端から電話をしていきました。

「最近、顔を見せないな」

「もっと会いに来いよ」

「今度、いい店を見つけたから付き合いなさい」

などと言ってくださるお客さまに10件前後電話をかけていると、エネルギーがガーっとわいてきます。

九時半ぐらいまで親しいお客さまとのやりとりで弾みをつけてから、新規のお客さまにアポ取り電話をかけました。

私の「ビジョン・トリガー」は「親しいお客さまと話してウォーミングアップすること」だったのです。

飛び込み営業にもこの「ビジョン・トリガー」を使いました。まずは親しいお客さまのお宅をピンポイントで数軒伺い、ウォーミングアップしたのです。

その後に新規営業をかけていくと、モチベーションが高いときに、お客さまにアプローチできるため、自信をもって話をすることができました。

No.10
仕事が楽しくなり、毎日、パワフルに過ごす方法

「ビジョン・トリガー」の質が変わるとき

つねに「ビジョン・トリガー」を引いた、非常にモチベーションが高い状態を維持できることがあります。それは、「トップ営業マンになりたい」「収入を十倍にしたい」このように、「仕事の目的」をはっきりさせたときです。

目指す方向がはっきりすると、何をすればいいのかが明確になり、朝一番からテンションが高くなります。当然、達成できる確率も高まるわけです。

しだいに結果が伴ってくると、「ビジョン・トリガー」の質が変わっていきます。

「今月は先月よりも、新しいお客さまをプラス10件開拓したい」

「今まで出したことのない記録を出したい」

こうした長期レベルの目標、初挑戦の目標自体が、「ビジョン・トリガー」になって

きます。もう一歩踏み込んだ営業活動ができ、さらに、自分の可能性を試すこともでき、営業という仕事の領域が広がってきます。

仕事には「四つの時代」がある

研修でもよく話していますが、営業の仕事のレベルは「四つの時代」にわけることができます。

一つ目が「サバイバル時代」。

ご飯を食べるために仕事をする時代です。

二つ目が「メンテナンス時代」。

中堅営業マンとしての座を維持する時代です。

三つ目が「ゆとりの時代」。

仕事の幅が広がり、仕事を楽しむ時代です。お客

さまに喜ばれると、その喜びが自分の喜びになる時代です。

四つ目が「貢献の時代」。

世のため、人のために仕事を行う時代です。使命感に燃える時代でもあります。

「サバイバル時代」「メンテナンス時代」は、会社から与えられた目標を達成していく時期です。モチベーションを維持しながら、アベレージを伸ばすために、「ビジョン・トリガー」を積極的に活用することが不可欠です。

なお、この時代は「人に負けたくない」という負けん気で頑張ることも多いのですが、負けん気は長くは続きません。それよりも、自分の力量をアップしていくことを重視してください。そうでないと、ある時点でつまずきます。人と競うことよりも、地道に実力をつけていくことを目指したほうがいいのです。

目標を次々と達成できる時期が、必ずやってくる

一方、「メンテナンス時代」から「ゆとりの時代」にさしかかると、目指す方向性や

ビジョンがはっきりしてきます。つねにモチベーションを高く維持できますから、どんどん目標を達成できるようになります。

私は三年目で二階級特進で主任になりました。そこからは、二年先輩の人と一緒に主任になったわけです。すると、さらなる欲が出てくるものです。主任手当がつきますし、周りの自分を見る目も変わってきます。

お客さまも「主任になったのか」と言ってくれますし、整備工場などの間接部門でも多少の無理を聞いてくれるようになりました。

トップ営業マンとして、レベルアップしていきたいと思うようになったのです。自分の仕事の方向性と会社の方針が合致して、ますますパワフルになるのを感じたものです。

みなさんも、現在、自分がどの時代にいるかを確かめながら、目標を達成する最良の「ビジョン・トリガー」を探していってください。日々、モチベーションを高めながら、仕事に打ち込むことで成果も上がり、営業の仕事を心から楽しめるようになるはずです。

3章

「新規開拓力」はこんなアプローチの積み重ね

まずはドンドン動いてみよう

No.1

最初から「アポ取り成功」をゴールにしない

まずは名刺をたくさん配ろう

どんな業種でも、営業部に配属された新人はアポ取りを徹底的にやらされます。会社へ行って毎日電話をかけ、飛び込み営業を繰り返すのです。

私が大手自動車販売会社に入社したての頃、マネジャーに言われました。

「親戚、知人をベースにしたマーケットにアプローチしてはいけない。自力でマーケットを開拓する力をつけることが先決だ。マーケットを開拓する力を今つけておけば、必ず、一年後、二年後がラクになる。とにかく、毎日１００枚の名刺を配りなさい。一軒ずつ飛び込みで回って、自分で見込み客を開拓する力をつけていこう」

「新人のうちは下りエスカレーターを昇っていくようなものだ。止まれば……下がる。でも、上の階に行けば、上りのエスカレーターが待っている。そこを駆け足で昇れ！

ちょっとぐらい疲れて、立ち止まっても大丈夫だ。上りエスカレーターが引き上げてくれる」

本音を言うと、お客さまをすぐに確保できないことに不安を感じました。でも、マネジャーを全面的に信頼していたので、その言葉に従いました。毎日、飛び込み訪問に行く前に、カバンに名刺1箱を入れて、会社を飛び出しました。

しかし、どんなに頑張っても、面会を約束してくれるのは一日1軒あればいいほうです。くる日もくる日も、住宅街、商店街、オフィス街をぐるぐる回っても、いっこうに面会を取りつけられません。

同期の仲間たちは、親戚や友人にセールスをかけて、順調に売上げの実績を積み上げていっています。その様子を見ていると、「やっぱり親戚回りをしてみようかな」という誘惑にかられることもしばしばでした。

情報収集を始めることに……

ある日、マネジャーがこんなアドバイスをくれました。

「まずは、売ろうとしなくていい。情報収集だけでもいいから、相手を理解してこい」

こうして私はお客さまと話をして得た情報をカードに書いて、マネジャーに提出することになりました。

個人宅や事務所に飛び込み訪問をしても、たいていは門前払いです。毎日、断られ続けるため、飛び込みをするのが嫌になり、聞いてもいない情報をカードに書き込んで、訪問したことにしてしまいました。

しかし、悪事はすぐに露見するものです。ある日、マネジャーに指摘されました。

「『港区の○○会社が保有している車は二台』と記してあるね。でも、事務所前にある二台の車は、あの会社の車ではないよ。おそらく納品業者のものだろう。この情報は、君の想像で書いたんだろう」

私のウソは即座に見抜かれてしまいました。確かに、何度アプローチしてもアポが取れなかったため、憶測で情報を書いたのです。私はとても恥ずかしくなりました。このままアポ取りから逃げていたら、商談を行うことすらできない。こう思い直して、もう一度、飛び込み訪問を一からやり直す決心をしたのです。

顧客リストに×をつけない理由とは？

たしかに、マーケットを開拓するのは根気がいるものです。

電話をかけても、アポが取れない。飛び込み訪問をしても、そもそも話を聞いてもらえない。これが日常茶飯事です。だんだん弱気になってきて、「一度断られたからダメだ」などと、顧客リストに×をつけてアプローチしなくなります。

しかし、こうして×を増やしていくと、やがてお客さまはゼロになってしまいます。

そこで、安易に顧客リストに×をつけないことから始めてみました。

アプローチして断られたら「次回訪問リスト」にそのお客さまを加えるのです。何度でも根気よくアプローチする。

マーケットを広げていくには、あとひと押しが欠かせないのです。このひと押しを続ける営業マンが、最終的には自分のマーケットを手にすることができるのです。

お客さまを選り好みしない

極端なことを言えば、基本的にはすべてのお客さまが〇だと考えてアプローチしてみればいいのです。「うちはいらないよ。こんな時間に電話しないで」と言って電話を切られたとしても、鍋が吹きこぼれそうだったり、子どものおむつを取り替えていたのかもしれません。お客さまの状況は、こちらにはわからないのです。

そもそも、出会い頭の営業で、「待ってました。今、買いたかったよ」というお客さまなどめったにいません。

このことに気づいてからは、「人を見たらアプローチする」ことを心掛けました。なかには、苦手なタイプのお客さまもいます。とくに私は人見知りなほうでしたから、話しかけにくい、とっつきにくいと感じるお客さまが少なくありませんでした。

しかし、こうしたタイプのお客さまが成約に至らないとは限りません。自分との相性の良し悪しで、性急に判断しないこと。これも私が学んだことの一つです。営業は、イヤでも自分の器量を鏡で見せつけられるような仕事です。

まずは、すべてのお客さまが見込み客だと思って種をまこうと考えました。お客さまを取り込む方法を自分なりに考えることにしたのです。

「新規開拓」の極意

電話のアポ取り

・顧客リストを飛ばさずに電話する
・アポを断られたら次回の電話リストに入れる

飛び込み訪問

・毎日 100 枚の名刺を配るぐらいの気持ちをもつ
・情報収集をしながら粘り強く通う

門戸を広げておくことが大事

とにかく、お会いしたお客さまには「私はこういう者です。お見知りおきください」などと挨拶しながら、出会いの扉をつくっていくことです。

こちらが入口を開けていれば、何かの拍子にポンと入ってきてくださるお客さまがいるわけです。ドアを開けておくことが大事なのです。

電話でのアポ取り時であれば、顧客リストを飛ばさずにすべて電話をかけてみる。

飛び込み訪問であれば、ローラー作戦で、どのお宅にも訪問してみる。

こうした積み重ねが、マーケットを開拓することにつながります。そして、誰にでもアプローチできる底力がついてきます。

すぐに車を購入する予定がないお客さまでも、何度かアプローチしていれば、いざ購入を検討するときに、

「去年、あの営業マンが来ていたな。あいつにも見積りをとってもらうか」

こんなふうに思い出して、商談の場に加えてくださることもあります。

むしろ、営業マンがつい敬遠したくなるタイプのお客さまほど、いい営業マン、悪い営業マンを見分ける選択眼が優れていることがあります。

日頃は、素っ気なく振る舞っていても、真剣に仕事をする営業マンを心にとめており、いざというときに温かな声をかけてくれるものです。

No.2

越えておきたい正念場とは？

一度も会えないお客さまから契約が取れた！

お客さまの情報を収集しながら、一日100軒の家に伺い、二ヵ月で4000枚強の名刺を消費していきました。

いつまでこの状態が続くのかと思っていたある日のこと。その日も名刺を100枚すべて配り切り、あとはオフィスに戻って事務処理をし、日報を作成して帰るだけでした。顔見知りになった牛乳店で、アンパンを牛乳で流し込んでいると、ご主人が、

「前の店。今日は珍しく、ご主人が今しがた帰ってきたみたいだよ……」

と教えてくれたのです。

何度か訪問したことのある質店でしたが、社長であるご主人にはお目にかかれずにいたので、千載一遇のチャンスとばかりに飛び込みました。

「こんばんは、〇〇自動車の松田です」

「何？　何の用？」

「この地域を担当させていただいております……やっとお会いできまして……」

私は元来の口ベタです。緊張のせいで、のっけからしどろもどろでした。

「毎日のように来る営業マンの話を聞いていたら、こっちは仕事にならんよ！」

「あっ！　すいません。お疲れのところを……」

「だいいち、こんな時間まで頑張ってるなら、もう十分、車は売れたんだろう」

と大きな声で言われました。

このとき私は、つい見栄を張りたい気持ちになりましたが、上司の話を思い出しました。

「いいか、お前がどんなにカッコつけても、お客さまはすべてお見通しなんだ。見えすいたことを言わず、正直に対応するんだ。知らないことは調べてお答えします、できないことはできるように今後努力したいと思います、と言いなさい。そうでないと自分がついたウソで自分の首を締めることになる」

そこで私は、

「それがまだ、一台も受注していません。これからもっと頑張ります」

「なんだ、それじゃぁ、車の査定もできないということか」

「あ！　いえっ……」

「うちの車、いくらで引き取るのかもわからないのに話は進まないだろ」

このように尋ねてきたのです。

名刺の枚数に熱意を感じた

いきなりのことに驚きました。とっさにカウンターで電話をお借りして、会社に電話をしました。

幸い、直属の上司は不在でしたが、いつもアドバイスをくれるマネジャーが「すぐ行くから」と言ってくれたのです。お店がどこにあるのか、ろくに説明もしなかったのですが、どういうわけかすぐに来てくれました。そして、着くなり、

「社長、ご無沙汰しております」

このように挨拶したのです。なんと社長さんと顔見知りだったのです。

「いやぁ、君も最近は偉くなったと見えて、うちなんかには来る暇もなくなったんじゃないの。しかし、こいつは根性がありそうな新人だ。私の留守に来ていて、もうこんな

に名刺がたまった」

私が受付の方にお渡ししていた名刺を、その都度取っておいてくれたようです。マネジャーはすぐに、下取り予定の車の引き取り価格を提示しました。

すると、社長は、

「初受注はご祝儀相場だ！　その値でいいよ。いつ納められる？　松田君とやら。君はこの貴重な一台と、このときの気持ちを絶対忘れるなよ！」

と、叩き上げの社長さんならではの言葉をくださいました。

三ヵ月目から、いきなり道が開けた

社長さんは街道筋で中古車センターも経営している方で、よいお客さまも多く知っていらっしゃいました。一見とてもとっつきにくい感じの方なので、多くの営業マンが初回の訪問だけで、二度と足を運ぶ気になれない訪問先の一つだったそうです。

マネジャーは帰りがてら、私をねぎらってくれました。

「あの社長を〝うん〟と言わせたのも、あきらめずに毎日山ほど訪問して、人に会って、現場でよく自分を鍛えてきたからだぞ。そうした努力の積み重ねが、社長さんの心に届いたんだ」

新規開拓を始めて三ヵ月目のことでした。

その頃からいきなり受注が入るようになり、ついに六月下旬の締め切りギリギリで目標を達成しました。4000枚の名刺の魔力です。圧倒的な訪問量が結果の成否を分ける。これはある面で真実です。この体験をとことん積んでおけば、飛び込みの壁を突破できる日が必ずやってきます。

最初から、面談の約束をたくさん取りつけるという目標を掲げると、息切れしてしまうかもしれません。そうした方は、名刺をたくさん配る、お客さまの情報を熱心に聴く、というように目先の目標を変えてみると、必要以上のプレッシャーを感じなくなるものです。今の自分にもできる小さな目標を一つひとつクリアしていくこと。これが、目覚ましい成果を生むための大事なステップになります。

No.3

日々の「一勝!」がモノを言う

先輩には訪問してもムダと言われたが……

私にはこんな経験があります。先輩から営業地区を引き継いだときの話です。

ある建設会社について、引き継ぎ時にこう助言されました。

「このお客さまの親戚は、うちのライバル会社の販売店をしているんだ。そこから車を全部買っているから、行ってもムダだよ」

でも、私は「本当にそうかな?」と思いました。それでも可能性があるのではないかと感じ、訪問を繰り返していました。

しかし、建設会社の専務でもある息子さんは、「カタログだけ置いていくならいいよ」とほとんど門前払いです。ときおり、専務の傍らには六十代前後の方が座っていました。

おそらく、社長さんだったのだと思います。

一枚の見積書が、契約を引き寄せた

そんなある日、取り扱っている車種のなかで新型が出ました。

「これこそ、お勧めすべき商品だ」と直感し、早速、お宅を訪問しました。

「お客さまがお乗りになっている車と同じタイプの新車が出ました。同じクラスの車種では、今お乗りになっている車のほうが性能がよかったのですが、この度の新車はそれを上回る性能になりました。ぜひ、実車してみませんか」

こう言ってカタログを見せたのです。

むろん、専務は首を縦に振りません。

「親戚が○×会社の指定工場をしているから」

この一点張りです。私はあきらめずに何度もアプローチし続けました。

すると、隣に座っていた社長さんらしき方が口を開きました。

「いつも熱心に来ているんだから、見積りぐらい取ってやっても損はないだろう」

そこで意気揚々と見積書を持参したところ、お客さまが親戚のモーター屋さんに高い値付けをされていたことがわかったんです。専務は非常に怒っていました。

「遠い親戚より、近くの他人だよな」

社長さんらしき方がぼそりと言いました。こうして、新しいお客さまとご縁ができて、無事に契約にこぎつけることができました。

結局、マーケットを耕し続けた者が最後に勝つんだと実感しました。

「どこかに必ず可能性はある」「絶対にある」

そう信じて、アポ取りや飛び込み訪問を続けましょう。こうして一勝を積み重ねていくことで、広大な自分のマーケットを手にすることができるのです。

4章

アポ取り・飛び込みはこの「最強トーク」で絶対にうまくいく！

「9つのトーク」をフル活用する

NO.1

最強トークは手早くつくれる

「トークシート」にサッと書き込む

本章から、アポ取り・飛び込みを成功させるトークのつくり方について説明していきます。手順はとても簡単で、「9つの質問シート」（97ページ参照）の順番に従って、答えを書いていけば完成です。まずは一行でもかまいません。どんどん書いていきましょう。

トークの「シミュレーションシステム」とも言える「9つの質問」は、あらゆるタイプのお客さまが潜在的にもっている質問です。どれも飛ばさずに答えを練っておく必要があります。

たとえば、新規のお客さまにアポ取り電話をかけるとします。

質問①の「なぜ君に会うのか？」に答える場合、

「はじめてお電話を差し上げます。○○会社の鈴木と申します。一、二分、お時間をち

「アポ取りトーク」の流れとは？

自己紹介

▼

「面会の趣旨」を伝える

▼

日時を確認する

「9つの質問」に
答えれば
このトークの流れになる

ようだいできないでしょうか？」

これでも十分です。「私は鈴木という者です」と、お客さまに自分が何者かを名乗り、お客さまに安心感を与えていきます。最初から気のきいたトークや殺し文句が書けるわけではありません。自分なりの言葉で書いてみましょう。慣れてきたら、

「はじめてお電話を差し上げます。○○会社の鈴木と申します。わが社は△△販売では老舗でございまして、この度、ご挨拶と新商品のご紹介でお電話いたしました」

「はじめてお電話を差し上げます。○○会社の鈴木と申します。港区で○○会社をしております。□□社の山本専務に紹介していただきました」

このようにトークに肉づけしていけばいいのです。質問②以下に対しても同様の要領でどんどん答えを書いていきましょう。

「トークシート」に書き込もう

お客さまの質問	トーク例
❶「なぜ君に会うのか？」	質問への答え
❷「なぜ話を聞くのか？」	
❸「私の質問は何か？」	
❹「解決策は何か？」	
❺「なぜ君を信用するのか？」	
❻「なぜ君の会社を信用するのか？」	
❼「なぜ君の解決策が最善か？」	
❽「なぜ行動を起こさなければならないのか？」	
❾「なぜ今、会うのか？」（「なぜ今、買うのか？」※プレゼン時）	

No.2

「このトーク」がYESを引き出す

「9つの質問」への答え方

アポ取り電話や飛び込み訪問をするときは、不特定多数にアプローチするため、訴求ポイントがはっきりしていません。お客さまがどのような言葉にピンとくるのか、複数のウォンツを想定しながら、トークを考えていきましょう。

なお、**アポ取り電話は、一件につき五分以内が目安です。**詳しい内容に踏み込みすぎると、商談時の切り札がなくなってしまいます。**アポ取りトークは手短にまとめて、具体的な内容は商談で話す**、これを念頭におきましょう。

次に、「9つの質問」への答え方のポイントについて説明していきます。「9つの質問シート」にトークを書くときの参考にしてください。**具体的なトーク例は14～15ページに紹介しているので、こちらも併せてご覧ください。**

質問に対する「答え方の肝」は？

❶「なぜ君に会うのか？」	自己紹介
❷「なぜ話を聞くのか？」	最初の利益説明
❸「私の質問は何か？」	問題の存在を示す
❹「解決策は何か？」	特質と利点
❺「なぜ君を信用するのか？」	個人的信任
❻「なぜ君の会社を信用するのか？」	会社の信任
❼「なぜ君の解決策が最善か？」	ユニークさを立証
❽「なぜ行動を起こさなければならないのか？」	利益・特質の要約
❾「なぜ今、会うのか？」 （「なぜ今、買うのか？」※プレゼン時）	日時の約束

▼答え方のポイント……②「なぜ話を聞くのか？」

質問①への答え方は94～96ページで説明しているので、質問②への答え方から紹介していきます。

質問②は「最初の利益説明」を行う場面です。お客さまのウォンツに合致するようなキーワードを複数散りばめておきます。

・生産性の向上
・コスト削減
・売上げの増大
・組織の拡張

このように、面会するメリットを感じさせるような短いフレーズでまとめるのがポイントです。一例を示しておきましょう。

「御社の『生産性の向上』『コスト削減』のために、お役に立てる情報がありますので、ぜひ、情報提供だけでもさせていただけたらと思います」

▼答え方のポイント……③「私の質問は何か？」

問題があることを示したり、問題の姿を明らかにしたりする場面です。たとえば、

「今すぐではないかもしれませんが、いずれ必要だというときのために、お役に立てることが、あるのではないかと思います」

こうして、「将来に向けて必要な提案ができる」と伝え、お客さまが抱えている問題に気づかせていきます。

お客さまが忙しかったり、本当に必要がないケースであれば、この段階で断られることもありますが、気づきを促しておくことで次のトークにつながります。

▼答え方のポイント……④「解決策は何か？」

アポ取り段階で、この質問に答えるときは、明確な解決策を示す必要はありません。

「当面、必要とされるかどうかは別として、一度、説明を聞いていただいてからご判断ください」

この程度のプッシュでも十分です。多くのお客さまは商品を買いっぱなし、使いっぱなしにしているケースが多々あります。

古いタイプの商品を使っていて、燃費効率が悪い、電気代がかさむ、地球環境のエコに反するなどという問題点を感じているものです。それに気づいていただくために、いろいろな例を持ち出して説明するわけです。

こうした過程で、お客さまは口では「必要ない」などと言いながら、「本当にこのままでいいのか」というように内省し始めます。

▼答え方のポイント……⑤「なぜ君を信用するのか?」

自分が信頼できる人物であることを十分に示します。

私であれば、「なぜ、この仕事で頑張っているのか」を伝えて、自分のポリシーを打ち出します。

「この仕事が大好きで営業をやっておりまして、また会社の商品に惚れ込んでいます。中途半端な気持ちではなく、生涯、頑張ってやっていこうと思います」

▼答え方のポイント……⑥「なぜ君の会社を信用するのか？」

数字、顧客満足度などのデータを用意しておき、視覚に訴えていきます。

あるいは、

「私どもの会社は、創業者が『お客さまに最高の満足感をお届けする』というポリシーで立ち上げ、多種多様なお客さまにメリットを提供させていただいております」

このように紹介することで、お客さまも「ああ、そんなポリシーで始めた会社なのか。ちょっと話を聞いてみよう」と感じるようになります。

以上が質問①から⑥までの答え方のヒントです。

つねに、①から⑥までスムーズに話を進められるとは限りません。ときには②の段階で、「欲しい商品はないから電話しないで」と断られることもあるでしょう。そうしたときはゴリ押しせずに、日をおいてアプローチすればいいのです。

最後の押さえはコレでバッチリ

電話や飛び込みでのアポ取りは、残りの質問⑦⑧⑨に対応するトークにはあまり踏み込まず、簡潔にまとめるのがポイントです。質問⑦⑧⑨に対応するトークは、プレゼン時に重点的に用いるため、アポ取り時は概要を話す程度にとどめます。

▼答え方のポイント……⑦「なぜ君の解決策が最善か？」

ここでは、解決策の妥当性を示します。

たとえば、**「導入後に、その効果がすぐおわかりいただけます」**という具合に、ユニークな利益、特徴、条件を強調します。

▼答え方のポイント……⑧「なぜ行動を起こさなければならないのか？」

お客さまにとっての利益をさらに要約し、行動を促します。なおここでは、アポ取り時のため、次のように話すにとどめます。

「納入まで、多少お時間がかかりますので、早いほうが良いと思われます」

▼答え方のポイント……⑨「なぜ今、会うのか?」

商談の日時を具体的に取りつけていく段階です。次のように、行動を促すための特別な理由を準備して強調します。

「すぐに効率UPを図れるものですので、いつ決められても良いという余裕はないと思っております」

①から⑨までの質問に答えを出しておくことで、お客さまから断り文句が飛び出しても、落ち着いて対応することができます。「9つの質問」に沿って、セールストークを練ることで、あらゆるタイプのお客さまが納得する万能トークが完成するのです。

ぜひ、電話でのアポ取り、飛び込み訪問前に最強のトークをつくっておきましょう。

No.3

アポ取り電話は、この手順でうまくいく

質問シートを見ながら話してみよう

アポ取り電話をかけるときは、準備した「質問シート」に沿って話を進めていきましょう。最初からスムーズにやりとりする必要はありません。質問シートを手元に置いて、とにかく一通り話す練習をしましょう。

実際には、質問②や③ぐらいで電話を切られることも多々あるものです。

「今日は質問②まで聞いてもらえた。次回は質問③のトークから始めてみよう」こんな目標をもって、アポ取りに挑戦していきましょう。次回、日をおいて同じお客さまに電話をかけるときには、「前回は②まで話せた。今回は③から始めて⑤番目のトークまで話してみよう」

このように目標をもつことで、自分のアベレージを上げていくことができます。

こんなふうに、再チャレンジしてみよう！

9つの質問シート

たとえば質問②まで話して
電話を切られたら……

門前払いされた場合

一ヵ月後ぐらいに
質問①から
再チャレンジしてみる

検討してもらえそうな場合

数日後に、
質問③に答えるトークで
アプローチする

**まずは
質問に答える
練習をドンドンしよう**

場数を踏めば必ず上達する

一度や二度、断られても、一ヵ月ぐらい間をおいてアプローチすると、断ったことすら忘れているお客さまも珍しくありません。

最終的に、質問⑨のトークにたどり着くために、粘り強くアプローチしていきましょう。お客さまも自分の求めるものに気づきながら、「熱心だな」「会って話ぐらい聞いてみようか」というように、心を動かしていくものです。

電話のアポ取りで場数を踏めば踏むほど、お客さまの声色や話し方の抑揚の違いなどを察知できるようになり、本音を読み取る感度が上がっていきます。

「忙しいから電話しないで」「必要ないよ」といった言葉が、うわべの断りかどうかが瞬時に判断できるようになり、さらに踏み込んだアプローチができるようになっていきます。

No.4

場面別・アポ取りトーク例

実際に、「9つの質問」に沿ってトークを練ってみましょう。アポ取りの場面別に、「9つの質問」の展開例を紹介していきます。

Talk

「うちは結構だよ」と言われた場合

営業 **「はじめてお電話を差し上げます。○○会社の鈴木と申します。一、二分、お時間をいただきたいと思います」**（質問①・自己紹介）

お客「うちは結構だよ」

営業 **「コストを削減できる新商品を開発いたしましたので、ご紹介させていただきます」**（質問②・最初の利益説明）

お客「うちは結構です」

営業「お忙しいところ、失礼いたしました。また、日を改めます」

お客さまの態度がかたくなであれば、そこで電話を切りましょう。日を改めて電話をかけ直し、質問③④へと話を進めていきます。

Talk 「時間がない」と言われた場合

営業「はじめてお電話を差し上げます。○○会社の鈴木と申します。一、二分、お時間よろしいですか？」（質問①・自己紹介）

お客「時間がないんだけど」

営業「御社の生産性をアップし、かつコストも今までの○%ダウンする製品の情報だけでも差し上げたいと思います」（質問②・最初の利益説明）

お客「本当に今はムリなんだ」

営業「非常に残念ですが、後日、連絡をさせていただきます」

Talk 「資料を送って」と言われた場合

営業「はじめて、お電話を差し上げます。○○生命の鈴木と申します。お客さまのリスクも保全し、なおかつ資産形成にも役立つ商品のお話でお電話いたしました」（質問①・自己紹介）

このように応対されたら、質問②「最初の利益説明」のトークを試してみます。

それでも断られたら、次につなげるトークを述べてから電話を切りましょう。

お客「今、ちょっと忙しいんだけど……」

営業**「この度は、お客さまの仕事の成果も上がり、コスト削減にも役立つ情報がありますので、ぜひ話を聞いていただければと思います」**（質問②・最初の利益説明）

お客「いや、ちょっと手が離せなくて……」

営業**「この度、弊社で新商品を開発いたしました。ご提供する情報をもとに、また何か、お役に立てることがあるのではないかと思い、お電話を差し上げました」**（質問③・問題の存在を示す）

お客「じゃあ、資料を送って」

営業「ではちょうど来週、御社の近くへ行く予定があるので、直接お届けに上がります。たいした時間ではありませんので、お持ちしてもいいでしょうか？」

お客「その必要はないよ」

営業「今、ご入り用かどうかは別でございます。弊社の商品によるリスク保全が低コストであることや、将来の資産形成に対するメリットをシュミレーションした、わかりやすい資料も、お届けするだけにしておきますから、時間のあるときにお目

通しください」

お客「うーん」

営業「当面、必要とされるかどうかは別として、情報だけでも取っておかれれば損はないと思いますが」（質問④・特質と利点）

このように質問④「解決策は何か？」に答えるトークにつなげるといいでしょう。それでも断られるようであれば、お客さまにとってメリットのある商品・サービスであることを伝えてから電話を切ります。

Talk 「今は必要ない」と言われた場合

営業「はじめてお電話を差し上げます。○○会社の鈴木と申します。港区のリース会社でございます。△△会社の山本専務にご紹介いただきました」（質問①・自己紹介）

この後、質問②「最初の利益説明」→質問③「問題の存在を示す」トークを経て、質問④に進みます。

お客「ああ、話は聞いてるけど、検討するしないはこれからだ」

営業「節税対策と同時に保証も十分な商品です」（質問④・特質と利点）

商品紹介にとどまらず、お客さまにとってどんな価値があるかをお伝えするのがポイント。

ここまで進んだら、質問⑤「なぜ君を信用するのか？」、質問⑥「なぜ君の会社を信用するのか？」に答えて、自分、会社をティーアップしていきます。

お客「そう言われてもね……」

営業「私は長年、この仕事に取り組んで参りまして、提供させていただくサービスも、たくさんのお客さまにお使いいただいており、結果を出していただいております」

（質問⑤・個人的信任）（質問⑥・会社の信任）

お客「ふーん……」

営業「一度、お伺いして、詳しくお話をして差し上げたいと思います」（質問⑨・日時の約束）

Talk「担当者に取り次いでもらう」場合

営業「もしもし、○○社の鈴木と申します。はじめてお電話を差し上げます。私どもは、東京の豊島区で二十年ほどの歴史がある会社でして、営業研修を主体とした総合的なコンサルティングファームをしております」（質問①・自己紹介）

お客「……」

営業「今日は、生産性の向上、売上げの増大、組織の拡大、コストの削減、あるいは社員の方のモチベーションアップといったことに対して、ご提案できることがある

と思い、お電話を差し上げました。ご担当の方はいらっしゃいますか?」（質問②・最初の利益説明）

お客「どういったお話でしょうか?」

営業**「はい、弊社がどのようなことをしている会社なのか、ご挨拶をさせていただきたい、ということなんです」**（質問②・最初の利益説明）

お客「……」

営業**「おかげさまで、たくさんの企業さままで実績を出させていただいておりますので、ぜひ、お時間を頂戴して、お話を聞いていただければと思います」**（質問③・問題の存在を示す）

お客「そうですか……」

営業**「採用するかどうかは、後日ゆっくり検討していただければと思います。今日、明日のうちに、すぐに採用しましょうという話ではなく、いずれ、二ヵ月後、半年後に検討される折、弊社を検討する研修先の一つに考えていただければ、と思いまして」**（質問④・特質と利点）

お客「私には決裁権がないんです。ちなみに、いくらぐらいですか?」

この段階では担当者かどうかは判断できません。そこで、取り次いでいただけるように、具体的な実績を紹介して、効果のほどをアピールします。

営業　**「数万円から、数十万円までいろいろあります。費用対効果の面で、かけていただいたコスト以上のものを得ていただくことができるのです。詳細な資料もございますので、お目にかかったときにお見せできればと思います」**（質問④・特質と利点）

お客　「じゃあ、資料を送ってください」

営業　「はい、送らせていただきます。今、四季報を見てご連絡いたしましたので、ご住所はわかりますが、どなた様宛にお送りすればいいでしょうか？」

お客　「担当はとくにおりません」

営業　「このようなときは、ご覧いただけて、判断していただける方にお送りしたいのですが……。お名前をいただけますでしょうか？」

お客　「では、田中宛にお願いします」

営業　「田中さまはこういうときに、採用するかどうかを判断していただける方ですか？」

お客　「そうですね。でも、責任者ではないので……」

営業　「そうですか」

お客　「窓口はその者です」

ここで引き下がらずに、担当者を尋ねて次のアプローチへとつなげていきます。

資料を送る相手が、どのような権限をもっているのかを確かめます。もしも、資料を受け取る窓口の方にすぎなければ、引き続き担当者を尋ねましょう。

営業「当社の実績やパブリシティもございますので、一緒にお送りしたいと思います。資料をお送りして、お手元に届いたぐらいの時期に、お邪魔させていただこうと思いますので。田中さまは、日中、会社にいらっしゃる方ですか？」

お客「はい」

営業「そうですか。承知いたしました。では、到着した頃に、私も時間によっては、ちょっと難しい場合もありますが、できればお邪魔したいと思います」

お客「……」

営業「失礼ですが、今、電話口でお話しいただいている方のお名前は、何とおっしゃいますか？」

お客「私は山本と申します」

営業**「私どもは、豊島区の○○会社と申しまして、商工会議所のメンバーにも登録しております。私も×年間、この仕事をやってきております。どうぞ、覚えておいていただければと思います」**（質問⑤・個人的信任）（質問⑥・会社の信任）

会社に伺ったときに、電話口で応対してくださった方の名前を伝えると、話がスムーズに通りやすいので、次のように尋ねてみます。

Talk

「担当者の名前を教えてもらえない」場合

営業「ご担当者の方はどなたですか？」

お客「なんで、言わないといけないんですか」

営業**「毎日、ある意味、山のように届くDMに、お目通しいただけるかどうか不安ですので（笑）。ご担当者さまに確実に届くようにお送りしたいと思います」**（質問⑤・個人的信任）

お客「……」

営業「**よく、断り文句として、『資料を送ってください』とおっしゃるお客さまがいらっしゃるのですが、弊社独自のアイディアともいえるデータも入っておりますので、実際にしっかり扱っていただける方にお送りするようにと指示されております**（質問⑥・会社の信任）。それで、責任をもって、開封していただける方はどなたかと思い、お訊きしています」

お客「そうですか……」

営業「失礼ですが、今、お電話でお話しいただいている方のお名前は？」

真剣に仕事に取り組んでいる姿勢を示すことで、営業マン自身をティーアップすることができます。その後、会社のティーアップへとつなげていきます。

次に電話口のお客さまに氏名を尋ねて、慎重に決断するように迫ります。

お客「私は高田です」
営業「では、高田さまでもよろしいですか？」
お客「そうですね、とくに決まっていませんので」
営業「そうですか。それでは、最終的に高田さまにお目通しいただけるということですか？」
お客「ええ、上の者は忙しいので、開封することは少ないと思いますので」
営業「そうですか。上司の方がいらっしゃるわけですね。そうすると、資料をお持ちして、その場でご覧いただくほうがいいですね。もちろん不要でしたら、持ち帰らせていただいてもかまいませんので、少しだけお邪魔します」
お客「そうですか……」
営業「**今すぐ導入するかしないかを決めていただく必要はありません。いずれ検討していただくときには、候補として考えていただければいいと思います**（質問⑦・ユニークさを立証）。**生産性を上げたい、営業力をアップしたい、ということについては、どうお考えですか？**（質問⑧・利益・特質の要約）」

面会で会うべき担当者、もしくは、決定権者を探りながら質問⑦へと進み、「自社を検討先に加えることが、正しい決断である」ことを、さりげなく伝えます。

お客「まあ、問題はいろいろありますが……」

営業「**お客さまの問題解決のお役に立てると思いますし、どういう問題があるのか、というご相談にも乗ることができます**」（質問⑧・利益・特質の要約）

お客「そうですか……」

営業「わが社の実績は、資料をご覧いただければ一目瞭然です。では、高田さまに、**お持ちしてもいいでしょうか。立ち話をして、その場で失礼することになるかもしれませんが、そのとき、上司の方にもお目にかかれればいいなと思います**」（質問⑨・日時の約束）

お客「わかりました」

No.5

訪問するときはこの点に気を配ろう

第一印象がよくなる秘訣

飛び込み訪問では、第一印象が重要です。身だしなみ、言葉づかいなど、ちょっとしたことに気をつかうだけで、お客さまによい印象をもってもらえます。左ページの点検ポイントを確認して、日々の営業活動に生かしてください。

飛び込み訪問の場合、最初から担当者に会えるわけでありません。まずは、受付などで取り次ぎを頼み、面会のお伺いを立てます。受付の方は商談相手ではないので、詳しい用件を伝える必要はありません。ここでダラダラと話をしては、逆に迷惑になります。

だからといって「早く担当者を出せ」と言わんばかりのぞんざいな態度をとっては、要注意人物としてマークされます。簡潔に堂々とトークを展開して、好感度を上げたいものです。

お客さまは、こんな営業マンから買いたい！

お客さまは、信頼できる営業マンから商品・サービスを購入したいと考えています。全ての営業活動の場面において、「信頼できる人物です」「心からお客さまのお役に立ちたいと思っています」という態度を積極的に示していきましょう。

とりわけ、「①自分の職業　②自分自身　③扱う商品やサービス　④属している会社や組織」という「４つの自信」をもっていることを伝えることが重要です。

こうした点を意識しながら、下記の点を点検し、プロ営業マンとしての自覚をもって営業活動を行いましょう。

- □服装が清潔で、身だしなみに気をつけている
- □礼儀正しく、落ち着いた雰囲気がある
- □肯定的な表現を使って話している
- □お客さまの意見を尊重している
- □問題解決するための計画に、お客さまを引き込む熱心さと粘り強さがある
- □時間や頼まれごとなどの約束を守る。明らかに約束をしていなくても、お客さまに必要だろうと思われる「言外の約束」もきちんと守る
- □「商品」「サービス」の知識が十分にあり、特徴と利点を明快に述べられる
- □お客さま情報を整理している
- □お客さまが抱える問題を理解し、解決する能力をもっている
- □お客さまが最終的に何を求めているかをはっきりとつかむことができる
- □競合会社を徹底的に研究して、なぜその会社が支持されているかを知ると同時に、自分が扱う商品が、それに匹敵する、あるいはそれを超える商品であることを実証できる

①社名と氏名を名乗る

大きく口を開けて、明るくゆっくりと。

「はじめまして、○○会社の鈴木と申します」

「いつもお世話になっております」など。

②面会を申し込む

「新しくこの地区の担当となりましたのでお伺いしました。○○部の○○さまはいらっしゃいますか？」

③面会理由を尋ねられたときの応対

「突然、お約束もなくお伺いしましたが、○○社の鈴木一郎と申します。名刺と資料だけでもお渡ししたいのですが、よろしいでしょうか？」

「お近くまで参ったものですから、最新の商品のご案内に伺いました」

④断られたときの応対

「またお邪魔します。お時間は午前と午後のどちらがいいでしょうか？」

断られても、「この商品には自信がある」という態度で話します。

「また次回、お伺いいたします」
「一分だけでもお時間を頂戴できませんか」
「ご担当の方に、資料だけでもお渡ししていただけませんか？」

このように、「この申し出を断ったら、困るのはご担当の方ですよ」という意気込みを示しながら、相手の心を揺さぶります。

No.6

初対面での受け答えはこれでバッチリ

名刺の正しい受け渡し方

受付で取り次いでもらい、お客さまにお会いできたら、名刺を両手で渡しましょう。相手の方よりも先に名刺を出して、相手が読める向きに、利き手で持ち、もう一方の手を添えて差し出します。

そのとき、「**○○会社の鈴木一です**」と社名と名前を名のります。

名前が読みにくい場合は、「名前は『はじめ』と読みます」と付け加えると、印象を強めることができます。

なお、個人宅を訪問するときは、お客さまがドアを開いたときに自己紹介を行います。このときに、名刺を出して渡すといいのですが、受け取ってもらえないときは、個人的信任を得る「質問⑤」のトークのときに、改めて渡してもいいでしょう。

残る名刺になるトーク例

会社を訪問したときは、お客さまも同時に名刺を出すことがあります。このときには、相手の名刺を先に受け取ります。名刺を渡すときは「よろしくお願いします」と言って自己紹介をしましょう。ときには、

「机の片隅にでも貼っておいてください。必ずお役に立つ日がきます」

などと一言添えてみるといいでしょう。お客さまの笑顔を誘い、好意的に受け取ってもらえるはずです。すぐに捨てられる名刺なのか、残される名刺なのかは、名刺交換時のちょっとしたトークで決まるものです。

また、お客さまが自社名を知らないときも、

「中央区で三十年、すっかり老舗の仲間入りをしました」

「名古屋駅から歩いて一分のビジネスビル内にあります」

などと、具体的に話すことで印象に残ります。

No.7

飛び込み時のトーク例

実際のトークの流れを紹介しておきます。アポ取り時のトークと同様に、「9つの質問」に沿ってトークを組み立てていきます。

Talk

「保険」を売る場合

「おはようございます。私は、○○保険会社の鈴木と申します。この地域のお客さまの担当ですので、ご挨拶に伺いました」……質問①・自己紹介

「今日はとくに、弊社の取り扱い商品すべてのご紹介をしております総合パンフレットをお届けに伺っております」……質問②・最初の利益説明

「いずれ資産運用やリスク保全にお役に立てていただければ幸いです」

……質問③・問題の存在を示す

「現在、リスクマネジメントと利回りの良い商品を中心にご案内しております」

……質問④・特質と利点

「私は新卒ですが、学生時代から勉強をしておりました金融商品の仕事に就けましたので、大変張り切って営業活動をしております」

……質問⑤・個人的信任

「弊社はお客さまの資産を増やすことや、有事のときの保証に関しましては、その道のエキスパートだと自負しております」

……質問⑥・会社の信任

「商品のメリットについては、すでに多くの実績を積み、立証してきております」

……質問⑦・ユニークさを立証

「先ほどもお話しいたしましたように、現在は例外なくお客さまにとって、大変良いチャンスかと思いますので、一度確認なさってください」

……質問⑧・利益・特質の要約

ドアを開けていただいたら、このように話します。

「一度、ご希望に沿った試算をさせていただければ、将来の安心を感じ、メリットを実感していただけると思います」……質問⑨・利益・特質の要約

「それでは一度、費用対効果がどれほど率の良いものか、プランだけでも作って参りましょうか」……質問⑨・日時の約束

「現在のご家族の構成に対して、この商品が経済的側面から、いかにお客さまにメリットがあるか、簡単な計算書をメールいたしましょう」……質問⑨・日時の約束

あくまでも飛び込みでのアポ取りなので、詳細は話さず、次回のアポイントに結びつくように話しましょう。

Talk 「OA機器、不動産、住宅、消耗品」などを売る場合

「はじめまして。私は、○○社の鈴木と申します。今日はこの地区の皆さまに弊社の取り扱い商品のパンフレットをお届けにあがっております」……質問①・自己紹介

「本日、お邪魔いたしましたのは、弊社の△△という商品（サービス）のご紹介です」……質問②・最初の利益説明

どんなパンフレットなのかという説明は、お客さまと対面してから話します。

「と申しますのも、弊社の商品（サービス）は、メーカーの方、販売会社さまなど、多くのお客さまに大変納得していただき、その利便性のほどにつきましては、非常に高い評価をいただいているからです」……質問③・問題の存在を示す

「お客さまも、他のお客さま同様、コストを大幅に削減すること（効果）には、興味がおありになるのではないかと思います」……質問④・特質と利点

「たくさんのお客さまに、この商品の効果を体験していただくことに弊社の使命があります」……質問⑤・個人的信任

「私も、この仕事に大変誇りをもっており、毎日、皆さまのお役に立てますよう頑張っております」……質問⑤・個人的信任

「実績も兼ねていると私も思いますが、弊社はこの業界でもパイオニアです」……質問⑥・会社の信任

「一度詳細を理解していただければ、納得されると確信しております」

質問②の段階で、「資料は預かっておきます」などと対応される場合、「購買担当者あるいは、決裁権のある方に、直接お渡ししたい」と、はっきり伝えましょう。

それでも取り次いでもらえなければ、担当者の名前を伺うか、在席している時間帯を尋ねて、次回訪問しましょう。「そうですか、ご担当の方に直接お目にかかりたいので、また後日伺います」と述べて立ち去ります。

……質問⑦・ユニークさを立証

「百聞は一見にしかずと言われますが、理解していただくより、実績データをご覧いただくことで実感されると思います」……質問⑦・ユニークさを立証

「善は急げではありませんが、今の○○の全てを一度棚卸しされるお気持ちで、お考えください」……質問⑧・利益・特質の要約

「再検討が重要だということは、十分におわかりだと思います。次回は現在、ご契約中のものを一度拝見させてください。数年放っておかれているなら、なおさらです」

……質問⑧・利益・特質の要約

「この次は、○月○日。ご都合はいかがですか？」……質問⑨・日時の約束

再アプローチを成功させるトーク例

門前払いされたときのトーク例

一度の電話でアポが取れるとは限りません。二度目に電話をかけるときは、一度目を踏まえたアプローチをしましょう。

①「必要ない」と言われた場合

初回の電話でこのように断られたら、一ヵ月ぐらい経ってから、一度目に電話をかけたときと同じ要領で電話をします。お客さまは電話があったことを忘れているケースがほとんどですから、一度目と同じトークで大丈夫です。

Talk

②「今忙しいから、またにして」と言われた場合

「先日、ちょうどご都合が悪かったようで、またお電話させていただきました」

「先日はお忙しいところ失礼しました。三分ほどよろしいでしょうか？」

> 「先日は」を強調したトークで、以前にも電話で話していることをお客さまに思い出してもらいます。

Talk

③担当者と話せていない場合

「たびたびお電話して恐れ入ります。○○会社の鈴木です」

> 「たびたび」という言葉で、再度アプローチをしていることを印象づけます。相手が担当者でなくても、熱心な態度を示して、コンタクトをとってくださるように促します。

Talk

④資料を送った後に、確認の電話をかける場合

「資料はお手元に届いておりますか？　せっかくの情報ですので、ぜひとも○○さまにお知らせしたいのです」

「お近くまで行った際、ぜひ資料の説明をさせていただきたいのですが。お手間はとらせませんので、よろしくお願いします」

再訪時のポイント

飛び込み時に断られた訪問先にも、再度アプローチをかける必要があります。

初回の訪問時に、ある程度、お客さまの情報収集ができているはずです。それをもとに練り直したトークを携えて、再度アプローチに臨みましょう。

Talk

①「先日断った」と言われた場合

「先日、断られましたが、こりずに伺いました」

「先日は、お出掛け前のご様子でしたが、今日ならお時間があるかなと思って、お邪魔しました」

Talk

②「商品に興味がない」と言われた場合

「別の商品の資料をお持ちしました」

「ぜひお耳に入れたい情報がある」「お客さまの会社のためになるサービスを紹介したい」というように、「なぜ、君に会うのか？」という質問①に答えて、トークを進めていきます。

「今、非常に人気の高い商品のサンプルだけでもお試しください」

初回で商品に興味を示していただけなかったときは、違う角度から攻めてみます。以前とは違う問題解決策を準備しておきましょう。この他、訪問時間を変える、後押ししてくれる人を探す、といったように、視点を変えてアタックするのも手です。

5章

高確率でYES になる！
先手必勝の
「プレゼン技法」

伝える順番が決め手になる

No.1

いきなりプレゼンを始めないのがミソ

まずは面会でしっかりリサーチする

本章からは、電話や飛び込みでアポを取ったお客さまに会いに行く段階の説明に入ります。いわゆる、面会のステップにコマを進めるわけです。

面会の段階でお客さまが即決してくれたら、それにこしたことはありません。

しかし、そうしたケースは奇跡のようなもので、**一回目は「情報収集のための面会」、二回目にようやく「プレゼン」に入ります。そして、三回目で「クロージング」に至るのが最短コースです。**

なぜ、一回目の面会ですぐにプレゼンをしないのか。その理由は、より的確な提案を行うためです。電話でちょっと話をしたぐらいでは、お客さまのなかで、疑問や不安が、まだたくさん残っています。

一回目の面会の目的は、こうした疑問・不安を解消しながら、お客さまにとって最も

まずは情報収集しよう

初回の面会で

○ まずは情報収集する

質問をしてウォンツをつかむ

感じをつかむ質問
事実を探る質問
優先順位を探る質問

YESを引き出すプレゼンができる

× すぐにプレゼンする

提案内容がお客さまのウォンツと合わない

拒絶されてプレゼンに失敗する

優先順位の高いウォンツを探ることです。これによって、的外れな提案をすることがなくなります。

お客さまが「求めるもの」を把握する

たとえば、「営業研修」を販売するとします。お客さまが求めるものが、売上げを倍にしたいのか、2割アップでいいのか、あるいは、新人の実力の底上げをしたいのか、中堅の意識改革をしたいのかで、勧める商品も異なります。

ですから、面会するときは、

「今日は商品の提案はしません。まずはお客さまのことを知りたいので」

「いくつか質問させていただいていいですか?」

「今日はインタビューさせてください」

このように、情報収集するという立場をとりながら、お客さまの本音を引き出していきます。こうしてさまざまな角度から情報を集めることで、効果的なトークの材料が出揃います。

質問の仕方は3種類ある

必要な情報を集めるうえで役立つのが次の3つの質問です。質問例も紹介しておくので、適宜使ってみましょう。

①感じをつかむ質問

お客さまが何を考え、どのように感じているかを引き出す質問です。情報を得るための質問といってもいいでしょう。

「この件について、御社ではどんなメリットがあると思われますか？」

「お客さまの感想は、いかがでしょうか？」

「ご家族も、同じように感じていらっしゃいますか？」

「もう少し、その点について、お気持ちをお聞かせいただけますか？」

②事実を探る質問

お客さまの意向を知りたい、確認したいというときに行う質問です。

「今のお話のポイントは、この3点と理解してもよろしいですか？」

「すると、お客さまはこちらのオプションのほうが、よいとおっしゃるわけですね？」

「この点については、このようなご判断と受け止めてよろしいですね？」

③優先順位を探る質問

お客さまに、必要性、問題解決、関心事などで、どれを優先させるべきかを確かめる質問です。


「これらのなかで、どれが一番重要だとお考えですか？」

「重要性から考えると、これが一番でしょうか？」

「優先順位をつけるとしたら、どのような順番になりますか？」

No.2

初回の面会ではコレだけ話せばOKだ

意外な反応や、断り文句への対応法

それでは早速、アプローチの方法について説明していきます。

初回の面会で話す内容は、基本的には「質問④～⑥」がメインです。質問⑦以降はプレゼンでじっくり説明するからです。

お客さまの反応によっては、質問①から始める場合もありますので、状況を見ながら適宜対応していきましょう。

とにかく、初回の面会では信頼関係を強化しながら、情報収集に努めます。

ファーストアプローチで得た情報をもとにして、トークをブラッシュアップしておきましょう。お客さまに会う前に、トークを何度も読み返しておけば、自然にシナリオが頭の中に入っていきます。

「こういう切り出しトークでいこう」

「お客さまにはこんな質問をしてみよう」

こんなふうに考えられれば、お客さまに会うときの不安も吹き飛びます。

いざお客さまに会ってみると、「電話の印象と違う」「先日の電話の内容を覚えていないかもしれない」「なんだか忙しそう」と感じることがあります。

そんなときも「想定外だ！」などと焦る必要はありません。

とにかく、「9つの質問」に沿って、トークを展開すればいいからです。伝えるべきトークを事前に決めておけば、どのような場面でも落ち着いて対応できます。

では、面会での状況別に、「9つの質問」に沿ったトークの展開方法を説明しておきます。

「今日、会う理由は何だっけ？」と言われた場合

しっかりアポを取って伺ったにもかかわらず、「で、今日は何だっけ？」とおっしゃるお客さまがいます。

試しているのか、とぼけているのか、本当に忘れているのかはわかりません。稀にで

すが、「で、あんた誰だっけ?」という対応をされることもあります。

初対面の営業マンに対して、なかには意地悪に振る舞うお客さまもいるのです。こうしたときは、すかさず「9つの質問」の**質問①「なぜ君に会うのか?」**に答えるトークを始めます。自己紹介を行うわけです。

「○○会社の鈴木です」

非常に緊張しているのであれば、社名と名前だけでもいいでしょう。

「○○を販売しております、○○会社の鈴木です。先日はお電話で失礼しました」

業種とアポイントの確認までできれば、完璧です。

こうした状況に限らず、アポを取った後の最初の面会の際は、質問①に答えるトークから始めるつもりでいけば間違いありません。

初対面ですから、自己紹介から始めるのが順当です。いきなり、商品について説明すると、お客さまの態度も頑《かたく》なになり、殺伐とした雰囲気になってしまいます。

自己紹介をした後は、天気や近隣の様子や趣味などの話をしてもかまいません。

お互いに打ちとけたところで、

「では、商品を紹介させていただきます」

と、**質問④「解決策は何か？」に移ります。**④以降こそ面会トークのメインです。

「本題は何？」と言われた場合

「本題は何だっけ？」「せっかくだから詳しく教えてよ」と、面会早々、お客さまが尋ねてくるケースがあります。

こうしたときも「では」といきなり商品説明に入るのではなく、まず軽く自己紹介します。そして、**「今回、ご紹介したいのは当社の最新サービスでして」**と、本題に入ればいいのです。

トークのメインは質問④「解決策は何か？」への答えです。

その商品やサービスによってなぜ売上げが増大するのか、なぜコスト削減になるのかというふうに、単なる商品の特徴ではなく、商品の価値に焦点を当てたトークを練ります。

たとえば自動車のセールスだとします。お客さまは流行を追うタイプではないと仮定しましょう。そのとき、デザイン、色、大きさ、速度などは、その車の特徴ではあっても、お客さまにとっての利益ではありません。

お客さまは自分の生活にフィットするかどうかが知りたいのです。

「ゴルフがお好きなんですね。それでしたら、この車種のトランクにはフルサイズのバッグが四つ入り、出し入れもラクです」

「経済的な車がいいですね。この車の燃費は○○で、いわゆるエコカーです」

このようなトークで、お勧めする商品がお客さまのどんな問題を解決するか、どんな役に立つのかを説明していきます。**ここでトークの流れに乗れたら、あとは質問⑤以降を続けて、商談のアポ取りへとつなげていきます。**

「買うかどうかわからない」と言われた場合

「買うかどうかわからないよ」という言い回しは、一方的に突っぱねた言葉のようにも聞こえますが、お客さまが商品やサービスの質を理解し、判断しているからこそ出てくる言葉です。

そうしたときは、「ええ、結構です」と答え、**すぐに質問④「解決策は何か？」に答えるトークを始めましょう。**

質問④で商品やサービスについて説明し、

質問⑤「なぜ君を信用するのか？」

質問⑥「なぜ君の会社を信用するのか？」

といった質問に対する答えを用意します。**質問⑤への答えとしては、**

「四月に入社したばかりですので、マネジャーのもとで営業のイロハを叩き込まれています。ベテランのように要領よくできない分、一生懸命やらせていただきます」

「この道十年、人生かけてこの営業をやっております」

このように、自分を信用してもらえるようなアピールをします。

それと同時に、**質問⑥に答えるときは、**

「五人の社員で年商五億円を売上げており、同業種の四倍の生産性を上げていることが弊社の自慢です」

「弊社は、生保損保の不払いが問題になっているリストにはございませんので……」

「規模が小さいだけに小回りがきく会社です」
と、会社の良さを伝えて信頼を勝ち取ります。つまり、自分、会社をティーアップするのが質問⑤⑥のテーマです。いきなり答えるのは難しい、こうしたトークも、「9つの質問」でシミュレーションできていれば、現場でもスラスラと出てきます。

お客さまが「無反応」「無言」の場合

お客さまの対応は千差万別。なかには、名刺を受け取ったまま、何も言葉を発せず、無言の方もいらっしゃいます。このような対応をされると、無言の圧力で全否定されているように感じて、お客さまの目を見るのも怖くなります。

私も新人の頃、お客さまが黙り込まれると、消え入るように小さな声でしか話せなくなったことがありました。

このような状況を打開するには、とにかく、**質問①「なぜ君に会うのか？」に戻って自己紹介を行い、もう一度トークを積み重ねていくといいでしょう。**

「9つの質問」によって、もうシナリオは出来上がっているのですから、それを思い出せばどんな局面も乗り切れます。**全部が無理なら、質問①～④までのトークでも十分に合格点です。**

とはいえ、営業マンであれば、誰しもお客さまのリアクションが気になるものです。面会にもっと参加してほしい、ニッコリしてほしい、自分の思い通りのリアクションをしてほしい、という誘惑にかられるものですが、その誘惑に乗じてしまうのはタブーです。

背中に脂汗をかきながらも、「9つの質問」に沿ったトークを展開しましょう。黙って立ちつくしているよりは、たとえ棒読み状態であったとしても、真剣な姿勢が伝わります。

「あいつは未熟だったが、汗をかきかき必死でやっていたな」

こんな好印象が残るからです。お調子者のように振る舞って、その場を盛り上げるのはラクかもしれませんが、その場しのぎの営業は必ず見破られてしまいます。

「9つの質問」をベースにして、堅実に、誠実に、愚直に。この姿勢を守れるかどうかが成否を分けます。

No.3

プレゼンでは5つのことを伝えよう

情報を整理して、伝える順番を守ること

面会をクリアしたらいよいよプレゼンに入ります。アポ取り、面会に続き、これでお客さまとお話しするのは三回目。無事にプレゼンできたらクロージングまで持ち込みましょう。

プレゼンでは、⑦⑧⑨の質問に重点的に答えて、契約するメリットなどを具体的に伝えていきます。そのプロセスは5つに分かれます。トークを展開するときは、151ページ図の順序で組み立てると、説得力のあるプレゼンができます。

なお、お客さまに提案するときは、先手必勝が原則です。

「あなたが勧める研修は、なぜ成果が出るの？」などと尋ねられてから、「それはですね……」などと答えるのは最悪のパターンです。

「先に教えてくれればいいのに」と不信感をもたれてしまうからです。

そうならないためにも、提案する内容や順序をしっかり決めて、営業マンがトークのイニシアティブを取ることが大事なのです。

こうした姿勢を見てお客さまは、「なるほど、きちんと準備しているな」と感じます。この信頼感が最終的に契約まで導いてくれるといっても、過言ではないのです。

ときには、お客さまに「ちょっと待って、さっき話してくれたメリットって何だっけ?」などと、尋ねられることもあるでしょう。そういうときは焦らず、お客さまと一緒に問題の箇所まで戻ってください。

すでに説明したステップかもしれませんが、お客さまがその点をよく理解したいということです。その気持ちをキャッチして、もう一度、わかりやすく話したうえで、次のトークへと進めていきましょう。

プレゼンの手順

質問⑦「なぜ君の解決策が最善か？」を説明する

①「メリット」の説明

「今日の商談のメリットは○○です」

②購入しない「デメリット」の説明

「近頃、問題になっているのは○○です」

質問⑧「なぜ行動を起こさなければならないか？」を説明する

③提案内容

「このため、わが社が提案したいのは○○です」

④提案の根拠

「その商品の良さの根拠は○○です」

質問⑨「なぜ今、買うのか？」を説明する

⑤感想を尋ねる

「どう思われますか？」

この後クロージングに入れる

NO.4

ステップ①「メリット」を切り出す

こんな内容を盛り込むと効果的

プレゼンを始めるときは、「本日、お話しさせていただくメリットは」と端的に切り出します。この段階では、「今日の話を聞いてメリットを感じていただいたら、ぜひ、契約してください」という姿勢も伝えていきます。本気で商談に臨んでいただく雰囲気づくりをしましょう。メリットは二段階で伝えると効果的です。

①商品をティーアップする

「私が申し上げたいことは、私どもの新しい商品が、いかに御社のマーケットのシェアを広げ、利潤を上げるか、しかも、最小の時間と資金の投入ですむかということです」

②お客さまをティーアップしつつ、メリットを伝える

「私どもの企業では、新型の製品を開発しました。これは間違いなくお客さまが興味をおもちになる製品でございます。現在の技術水準から見て、最高のものでございます。お客さまだからこそ利用価値があると申し上げたい」

「このシステムが、いかに時代の先端を行くのかということに関して、御社が得られるメリットを具体的に紹介させていただきながら、プレゼンしたいと思います」

「私どもでは多くのお客さまのご要望に応えて、システムの改良に努めて参りましたが、この度、完成いたしました。他の企業さまでは、これをどのように利用して、効率を上げ、経費削減に役立てているのか、導入事例についてご説明申し上げたいと思います」

このように、商品のメリットを単に伝えるだけでなく、お客さまを尊重しながら、商品を購入するメリットを具体的に述べていきます。

NO.5

ステップ②　購入しない「デメリット」を伝える

危機感をあおりすぎると失敗する

メリットを伝えたら、商品やサービスを利用しない場合、購入しない場合のデメリットも伝えていきます。「もしも、ご購入が半年遅れた場合のデメリットを申し上げますね」というように切り出します。このとき、必要以上に脅しめいたり、危機感をあおったりすると、せっかく築いた信頼関係が崩れてしまうので注意しましょう。

①ウォンツが明確な場合

ここでは保険の営業を例に挙げます。経営者であれば、万が一、自分に何かがあったとき、スタッフや家族が路頭に迷わないように保険に入ることがあります。ご家族や社員に対する愛情です。

このようにお客さまのウォンツがはっきりしている場合は、

「半年先の契約では、残念ながら特典がなくなる」

「半年先に病気にならないとは限りません」

「今の商品のままですと……」

と、契約に至らない場合のデメリットを伝えます。

②ウォンツが曖昧な場合

トークを掘り下げていってはじめて、お客さまの新しいウォンツが見えてくることがあります。

「節税をしたい」

「資産を保全したいから、本当は貯蓄型の保険がいいのだが」

実は、お客さま自身も営業マンからのインタビューを受けながら、ウォンツに気づくことも多いのです。そうしたときは、

「将来的に資産運用に関して、どういう価値観をもっていますか？」

と質問してみます。すると、

「うちは利益が出ているから、利回りのいいものに投資して、蓄えておけばいい」

という話が出てくるかもしれません。そこではじめて、お客さまが求めていることがわかります。

なお、「今のままでは問題だらけでしょう」などと、お客さまのデメリットを決めつけるのはタブーです。これは脅しと一緒です。

ネガティブなアプローチとデメリットを伝えることを混同してはいけません。**あくまでも「リスクを回避するために、このサービスが有効です」という伝え方を心掛けてください。**

また、お客さまのデメリットを指摘するときに、「御社も同じだと思いますが」などと言ってしまうと、「そんな問題がなかったらどうするんだ」などという無用な反論を招いてしまいます。あくまでも客観的な立場から、「こういうリスクが考えられます」と伝えるのがポイントです。

No.6

ステップ③「提案内容」&ステップ④「根拠」を伝える

提案内容を伝えるときのコツ

営業マンがメリット、デメリットを述べることで、商談の中身がしっかり伝わりますから、お客さまのほうでも耳を傾ける姿勢が整います。

提案内容の一例を紹介しておきましょう。

「ご提案するために持って参りましたのは、このプランです。これは会社にお金を残すためのもので、一括でのご入金を『損金』として処理し、数年後に返戻率が入金ずみの金額を上回った時点で、役員の方の退職金の準備金にできるもので、得策だと思います。なおかつ、○○さまご自身に何かあったときには、介護費として、毎年○○○○円もの金額が永久に支払われます」

「現車の価値は残債を100万円下回りますが、弊社で総額として150万円値引きいたします。残債より少し多い金額が残りますので、諸費用に回していただけます。新車は三年後の買取価格をあらかじめ900万円と設定し、差し引いた残りの1000万円を月々36回で分割なさってください。そうしますと、今のお支払いにプラス3万円強、月々のお支払いが増えるのみで弊社の最高級グレードに替えていただけるというわけです」

根拠を伝えるときのコツ

次に、なぜそれを提案するかの根拠を伝えます。データや資料を示して妥当性を述べるのも一策です。提案の根拠の示し方を紹介しておきます。

「現在の金利で預金された場合、元本が倍になるのに××年かかってしまいます。貯蓄型の保険ですと、いざというときに入院費も○○○○円保証されますし、満期時にお受け取りいただくものも、掛け金より○%UPします。倍とまではいきませんが、××年はかかりません」

「また、途中解約が必要な一時的に資金がご入り用の場合は、契約者貸与という制度があり、毎月払っていらっしゃった総額の少なくとも7割までは低金利で借りられます。ご安心ください。いざというときの保証は、そのままついております。もちろん、満期の時点で相殺されても差額は戻ってきます」

トークだけでなく、商品が取りあげられた新聞記事や雑誌記事などを用意しておくと、有力な根拠になります。

実際の場面では、「提案内容」と「提案内容の根拠」の間で、お客さまからも質問が発生するため、何度もやりとりすることになります。こうしてお客さまの疑問を解消していくことで、クロージングへと近づいていきます。

No.7

ステップ⑤お客さまの感想を尋ねる

思考に働きかけない点がポイント

提案内容と根拠を伝えて、いよいよ商談も終盤になりました。この時点で、お客さまの感想を確認します。この尋ね方にもポイントがあります。

「お客さまはどう思われますか？」

「どう感じていらっしゃいますか？」

というふうに、感情にアプローチするのです。

一方、「納得されていますか？」「賛成ですか？」などと、判断を再度促すような質問は避けましょう。お客さまの気持ちがぶれ始め、いろいろな考えが出てきてしまいます。あくまでも、感情に訴えかけていきましょう。

たいてい、ここまでプレゼンを進められたら、お客さまの気持ちもＹＥＳのはずです。

「いいと思うよ」「うん、役立つだろうね」という自らの答えに、お客さま自身が説得されます。

なお、この段階でも、お客さまが「うーん…」と悩んでいたら、

「気がかりな点がおありですか？」

このように、ステップ①の「メリット」（152ページ）に戻って説明します。

「今、懸念していらっしゃる点は、こういう機能で解決されます」

「こちらの商品と同じ機能がある〇〇でも、同じくらいコスト削減になります」

このように、もう一回、メリットをわかりやすく説明し、提案内容をかみくだいてお話しすればいいのです。

その後、クロージングまで一気に進む場合もあれば、繰り返し説明する場合もあります。プレゼンのステップ①〜ステップ⑤の流れのなかで、お客さまの疑問・不安を解消していくことがカギになります。

No.8

時間内にクロージングに導く「3つの方法」

お客さまとの話が、営業マンが意図しない方向に進むケースも少なくありません。時間内にクロージングに導くためにも、プレゼンをコントロールしていきましょう。ここでは、代表的な3つの方法を紹介しておきます。

①説明によるコントロール

話が散漫になりそうなときに、会話の流れを変え、意図する方向に導いていきます。お客さまの悩みがポンポンと語られて、長話になりそうなときは、一般例を挙げて説明します。一例を示しておきましょう。

「システム」を売る場合

「そうですね、今までに私がお取引していただいているケースでは、製品をいかに、そのままの状態で配送するかでお悩みのお客さまが多くいらっしゃいます。でも、私どものシステムを使っていただくことによって、その問題も解決してきました。お話を伺っておりますと、御社の参考になるのではないかと思いましたが、いかがでしょうか？」

「保険」を売る場合

「お子さまが成人された後でも、家計を維持されていくために、保障も備えた年金型のものに切り替えていかれたら安心ですよね」

話を真っ向からさえぎるのではなく、「なるほど」「そうですね」「いろいろございますね」と相づちを打って肯定しながら、「その場合、私どもでは」「たとえば」などと例を挙げながら、話を意図する方向にコントロールしていきます。

②行動によるコントロール

話が抽象的で具体性がないと、焦点がどんどんぼやけていきます。こういう場合は、現物を示したり、デモンストレーションしたり、使用法がわかる写真や図、場合によっては統計表、新聞・雑誌の切り抜きなどを示したりする手法が有効です。このようにお客さまの興味を喚起しながら、話をコントロールします。

「システム」を売る場合

「ご覧いただけますか？　この製品が、このシステムに使われています。手に取って見ていただけますか？　実際に使っている場所にご案内できますが、この現場写真を見ていただければ、しっかりおわかりいただけると思います」

「保険」を売る場合

「この解約返戻率をご覧ください。○○年以降は利率が大きくUPします。この時点で万が一、月掛を止められてしまったときでも保証はそのままで、解約したとしても元本以上の返戻があるのです。こちらをご覧ください」

③探りによるコントロール

お客さまから特殊な情報を引き出したいときや、はっきりした同意を得たいときなどに、探りの質問をして、話をコントロールしていきます。

「お忙しい時間を、私に提供していただけた理由は、何でしょうか？」

「今、望んでおられることといえば、やはり効率化ということでしょうね」

「そのことについて解決策はおもちですか？」

「すでに手を打たれたのですか？」

このように質問しながら、お客さまの反応を要約して同意を求めていきます。

「すると、事務の効率化と経費とのバランスを取りたいと？　その点は、ご説明させていただければ、お客さまに納得していただける資料がございます」

「では、お客さまがこの商品を手にされたときの利益の評価と、ご家族の同意をいかに得るかが障害になっていると考えてもいいでしょうか？　それにつきましては、一度、ご家族の皆さまに説明に伺いたいと思いますが、いかがでしょうか？」

探りを入れながら質問し、お客さまの反応を要約し、同意を得ていくことで、話を軌道修正し、クロージングに導いていくことができます。

6章

反論をすんなり解消して「クロージング」に入る方法

「質問技法」&「支持トーク」で決断へと導ける

No.1

「反論」の裏にある本音とは？

リスクに意識が向いている状態

面会、商談、それぞれのステップでトークを積み重ね、きちんとアプローチしてきても、お客さまが結論をくだす段階に入ると、断り文句が出てくることがあります。

「やっぱり値段が高すぎるよ」

「今は必要ない。そのときに考えます」

「話はわかった。じっくり検討させてほしいんだけど」

あとひと押しだ、あと一歩でクロージングだ。そう期待に胸を膨らませている段階で

このような断り文句が出ると、一気に疲労感に襲われるものです。

なぜ、この段階でＹＥＳと言わないのか、それには理由があります。

この段階のお客さまは、商品を購入する際のさまざまなリスクが頭の中をかけ巡って

いる状態です。そして、商品を必要だと感じる「欲求」と「リスク」を天秤にかけ、欲求が勝ったときに購入します。

ですから、断られたからと言ってあわてて、

「そんなことはないですよ」

「いや、絶対大丈夫です」

「そこを何とか決めてくださいよ」

などと、お客さまの意見を否定するのは逆効果です。きちんと、お客さまが納得してくださるように説明をしていきます。

お客さまにとっては大事な質問

いわば断り文句は、購入判断をするためのお客さまからの「質問」だと考えるといいでしょう。

「購入を決断したいが、不安な点がまだ残っている」

こんな意思表示と言えるのです。

ですから、反論の背景にあるお客さまの本音をじっくり考えてみましょう。

たとえば、「値段が高すぎる」という反論が「高いからいらない」とは限りません。むしろ、「もう少し安ければ買いたい」「少し値切ったら安くしてくれるかな」という本音が隠れているかもしれません。

あるいは、「今は必要ない」は、「あまり急いで買わなくてもいい」という場合もありますが、「本当に必要なのかどうか確かめたい」「今、購入するメリットについて踏み込んだ説明が聞きたい」という可能性も考えられます。

「じっくり検討させて」というのは、「誰もが納得する判断材料がもっとあれば、決断をくだしやすいのだが……」という気持ちの表れかもしれません。

お客さまの「反論」を手がかりにしながら、適切な質問をしたり、説明を補うなど、納得していただけるポイントを探っていきましょう。

No.2

まずはこうして受け止めよう

肯定的に表現する

反論に対処するときは、BUTではなく、AND（そして）、SO（～ですから）で受け止めます。**「そう思われているんですね」「なるほど」「おっしゃる通りですね」といったように肯定的な言葉を使うのがポイントです。**

ここで無理にゴリ押しすると、説得、強制、勧誘、懇願になってしまいます。お客さまからすると、自分を否定され、反論されたうえに、営業マンの都合を図々しく押しつけられたように感じるはずです。感情面でしこりが残ってしまうのです。正論をのど元に突きつけて議論で勝ったとしても、お客さまを逃してしまっては元も子もありません。

意外な形の反論を聞き逃さない

また、反論が「NO」というわかりやすい形で意思表示されるとは限りません。意外な形で出てくるケースもあります。たとえば、「ハーフカバー、一個ぐらいサービスしてくれるかな」といった要望です。ちょっと粉をかけているわけです。こうした言葉の裏には、「サービスしてもらわないと割に合わない」といった欲求が隠れています。

同時に、営業マンの反応や対応を見てみようという気持ちもあるでしょう。

こうした言葉を聞き逃して、契約に入ろうとすると、お客さまは感情を害して、あとでNOに変わることもあります。ですから必ず、お客さまの気持ちを受け止めておくことです。

くれぐれも、「自分では判断できないし」「本気で言っているわけではないだろう」などと軽く考えて、素通りしないことです。

「本当にご入り用ですか？」「それは、サービスで、ということですか？」

このようにきちんと尋ねましょう。

サービスできないときは「お客さまに購入していただければ、3割引きぐらいで、購入していただくことはできます」と、本当のことをお伝えすればいいのです。

こうして反論に一つひとつ対応していくことが、お客さまと信頼関係を築きながら、成果を生み出すことにつながります。

NO.3

反論を正しく把握するコツ

「論理面」と「感情面」の両面を見よう

お客さまの反論を面会や商談の場面でプラスに生かしていけるよう、お客さまが購入を決定するプロセスについて説明しておきましょう。

お客さまが購入を決める際、論理的に考えたうえで納得し、ついで感情面で受け入れるという経過をとります。

「論理面」での理解は次の流れで進めていきます。

①情報を得る
②情報を理解する
③さまざまなアイデアや解決策を比較する
④アイデアや解決策を受け入れる

論理的に納得したうえで、次のように「感情面」で受け入れていきます。

⑤リスクと利益を天秤にかける
⑥周りの人（上司や同僚など）は何と言うかを考える
⑦購買行動がスムーズに進むか、障害がないかを考える
⑧いずれ購買行動を起こすだろうと考える
⑨購買行動をただちに起こす

このようなプロセスをたどって、最終的に購買行動を起こすわけです。

ですから、お客さまが論理面で納得していない段階で感情に訴えかけると、反論を誘発してしまいます。したがって、お客さまから反論があった場合には、どのプロセスの反論なのかを正しく把握する必要があります。

たとえば、お客さまの購入を妨げている要因が資金繰りであれば、費用対効果の側面から具体的な解決策を示し、論理的に納得してもらう必要があるでしょう。

対照的に「周囲の同意が得られない」といった、感情面からくる反論であれば、お客さまの決断を支持したり、場合によっては、お客さまに代わって周囲を説得する役を買って出てもいいでしょう。

反論する理由を尋ねよう

ところで、お客さまの反論は、いつも具体的で明快なわけではありません。

「環境にやさしくない点が、どうしても気になるんだよ……」とはっきり言葉にしてくだされればいいのですが、必ずしもそうではないでしょう。

「うーん、ちょっと考えさせてよ。この製品を購入した人が、今ひとつよくないって言うし……」

このような、曖昧な反論が返ってくることは少なくないのです。

営業マンからすると、「なるほど」「そうですか」と相づちを打ってはいるものの、本当は何に対して反論しているのかがわからない……。

こうしたケースで理由を曖昧なままにしていると、「そんな曖昧なことを言うなよ」「誰だ、よけいなことを言うのは」「急に気が変わったんだろうか」「ダメという言い訳かな」という不快な感情がわいてくるものです。それが表情や態度にも出てしまい、お客さままで不快にしてしまっては、まとまる話もまとまりません。

理由が曖昧な場合の解決法

そこで、反論の理由がはっきりしない場合は、お客さまに質問してみましょう。

「今ひとつというのは、どういうことでしょうか？」

「どのようなケースの場合ですか？」

「どこに問題があるとお考えですか？」

このとき、論理的に考えさせる質問をするのがコツです。そのほうが問題点が見つかりやすいからです。

反論の理由や問題が明らかになれば、その点に焦点を当てて返答できます。お客さまにとってのメリットやリターンを説明していけばよいのです。

お客さまの感情に振り回されないコツ

繰り返しますが、質問をするときには、

「どのようなお気持ちなのですか？」

「ご心配はわかりますが」

などと気持ちや気分に焦点を当てた質問をしないことです。すると、

「いや、説明はわかったけれど、気持ちのうえでね……」

「周りに聞いてみないと心配で……」

といった、さらなる感情面からの反論が出てきます。

このような感情のやりとりは、収拾がつかなくなります。反論に対する質問は、感情に訴えるためではなく、お客さま自身に反論の要因を冷静に考えさせるためと覚えておいてください。

No.4

お客さまの迷いを断ち切る9つの「支持トーク」

お客さまの反論は、購入を決定することへの不安から生まれます。ときには、購入する判断を支持し、迷いを断ち切っていただくためのトークが必要になります。

Talk

▼買った後で、買うのが早すぎたと思わないか？

「逆に、早く買ってよかったと、思っていただけると思います」

Talk

▼値段が高かったと後悔しないか？

「一日に換算すれば、コーヒー二杯分にすぎません」

Talk

▼買った後で、それほどプラスにならなかったと思わないか？

「お客さまのご決断に、自信をもっていただいて結構です」

Talk

▼周囲の人に「なぜ相談しなかった」と詰問されないか？

「そのときには、自分の目に狂いはない、と思ってくだされば結構です」

「そんなときは、お客さま自身、自分の判断は間違っていた、と思われてしまいますか？」

Talk

▼別の会社から買ったほうがよかったと思わないか？

「もう一度、弊社で買っていただくメリットをご説明しましょうか？　何度、お話ししても、お客さまは弊社を選んでくださる、という自信がありますので」

Talk

▼デザインやサイズなど、後で気にくわないと思わないか？

「これだけ、たくさん検討された結果のご選択です。間違いはないと思います」

Talk

営業マンにだまされた気分にならないか？

「だとしたら、私がそういう男に見えるということですよね」

「私はともかく、この商品はお客さまを裏切りません」

Talk

品質が悪かったと後悔しないか？

「何か問題があれば、アフターメンテナンスを行います。必ず責任をもって行います。とくに三年間は、主要な部品に関しては無料で交換させていただくことになっていますから。ただ、完成度が高いので、そういうことは万が一にも起こりませんが」

Talk

すぐに故障するようなことはないか？

「荒っぽくお乗りになればわかりませんが、現状ではまず、二、三年は全く問題ありません。二、三年すぎたとき、消耗品は交換が必要ですが」

NO.5

このトークで反論は解消できる

反論する理由は5つある

お客さまの反論は、リスクに対する不安の表れです。反論の理由はお客さまによってそれぞれですが、いくつかに分類できます。

次に紹介する5つが代表的なものです。

①「不安感」を示す
②「金銭面」で折り合いがつかない
③「時間の都合」がつかない
④他の商品と「比較」したい
⑤他の人に「相談」したい

これらが複合的に関わることもありますが、このタイプを頭に入れておけば、いざ商談の場面で反論を受けても、ドギマギすることなく対応できます。

Talk 「不安感」を示す場合

お客「この商品が必要だとは、どうしても思えない」

営業「お客さまと同じような条件下にある、ユーザーのケースをご紹介します。この商品により、これだけの利益を得ています。この結果をご覧ください。購入のコストをはるかに超えているのが、おわかりいただけると思います」

お客「この商品は操作が難しそうだ」

営業「このデータをご覧ください。購入したユーザーの使い勝手の調査ですが、操作の面では、このような結果が出ています。これだけ精密度を高めているんですね。操作が難しいと思われたときは、いつでもサポートに伺います」

商品やサービスの利点を、さまざまな事例を用いて説明します。

商品の特徴と利点を売り込みます。

Talk

「金銭面の問題」の場合

お客「いい商品だと思うが、高すぎるよ」

営業「……つまり、これが購入することによって得られるお客さまの利益です。その他の商品の特徴もお伝えしましたし、お客さまの利益についてもご理解いただきました。費用対効果も完全に見込めます。他に不都合はおありですか？」

お客「値段が高すぎるよ」

営業「この製品は確かに価格がほかのものより幾分高めです。しかし、従来の製品では、電気代が一時間あたり○○円、冷却効果も○%です。それに対して、この製品は電気代が従来の3分の2、冷却効果も3割アップです。この差額は一年で取り戻せ、二年目からはプラスに転じます。その点をお考えいただければ、自ずと結果はおわかりですね」

お客「いい商品だと思うが、今は予算がない」

まずは今までの話を整理して、もう一度、伝えます。

コストの見返りがあることを数字で説明します。

営業「こうした時代だからこそ、コスト削減の意味でも、いろいろムダな経費は省いていかれるでしょう。ただ、経費を省くべき分野と、実際に経費をかけないといけない分野もあると思います。研修の場合は、一つの設備投資です。将来、三名の営業マンの力がアップしていくことを考えれば、数十万という経費は営業の方一人が、月の売上げを10％アップしただけで、二ヵ月で回収できる金額です。あとは営業マンの方が複利を生んでいかれるわけです」

営業「一度にお支払いにならなくても、ローンを組む方法がございます。現在は金利もお手頃ですので、この場合ですと、五年ローンで、一日あたり200円になります。一日のコーヒーの量を一杯だけ減らしていただければよいのです」

お客「値引きしてくれるなら、考えるんだけど」

営業「私は、この商品に必ず満足していただけるものと確信しております。お客さまの対価に対する以上の利益をもたらすと思っております。ですから、なぜ、そのような価値があるかを、これから具体的にお話しさせていただきます。多くのお客

まずは長期的な視野でお客さまのメリットをお伝えします。

支払いに関する提案を具体的にしていきます。

さまにもこの点については、十分納得していただいております」

Talk「時間の都合」がつかない場合

お客「いずれ買おうとは思うけれど、今は他にもやるべきことがたくさんあるので、手が回らない。今度にしてよ」

営業「歯が痛くなってから医者に行くのでは、犠牲になるものも多いものです。転ばぬ先の杖、備えあれば何とかと言います。いざ、必要なときにあわてて導入していただく類のものではなく、事前に研修を行って、社員の方をいつでも抜けば切れる刀にしておきましょう」

お客「今はちょっと考えてないよ。そこまで手が回らないんだ」

営業「今すぐに購入されたほうが得策だと申しますのは、いくつかの理由がございます。先日も、お客さまと同じように〝今は忙しいから、また今度〟とおっしゃられた方がいらっしゃいましたが、『10％もコストが下がった、早く購入してよかった』

あくまでも飛び込みでのアポ取りなので、詳細は話さず、次回のアポイントに結びつくように話しましょう。

と、喜んでおいでです。これがそのデータですが、A社もB社も先を競って購入されました。あれだけの経常利益を上げられたのもうなずけますね」

お客さまに、「欲しい」「必要だ」と思っていただけるトーク内容を検討します。

Talk

他の商品と「比較」する場合

お客「いやあ、君の話に触発されてね、あれから類似商品を調べたよ。考えた末、○○メーカーのものを購入するつもりなんだ」

営業「○○メーカーの商品も素晴らしいですね。ただ、私どもの商品は、それを超えるものとして、独自の利点がございます。しかも、御社のような特殊な分野では、この利点が生きてきます。このデータ、まだ、どなたにもお見せしていないのですが、ご覧ください。ご説明させていただきます……」

もう一度、話を聞いてもらい、商品の価値を売り込みます。

Talk

他の人に相談する場合

お客「どんどん話を進めないでくれよ。こっちにも、お伺いを立てなきゃいけない人間がいるんだ。ちょっと待ってくれ」

営業「なるほど、おっしゃることはわかりました。それではいかがでしょう、その方を交えて、もう一度、お話しさせていただけますか？　生産性が5割アップするという観点から、納得していただけると思うのですが、どうでしょう。そう思われませんか？」

お客さまが冷静になるのを待って、もう一度、アプローチします。決済できる人を紹介してもらい、その方も抱き込んで、味方になってもらえるように話し合いましょう。

7章

このクロージングで どんなお客さまも 喜んでYES と言う!

失敗しない「クロージング」の極意

No.1

成功するクロージングの手順がある

これまでのプロセスを信じよう

いよいよ商談の最終段階、クロージングです。これまで提案してきた商品やサービスの契約を取りつけます。

お客さまを無理に説き伏せてきた営業マンと、「9つの質問」をベースにしながら納得感を引き出してきた営業マンとの差が、最も出る場面です。

前者の場合、お客さまは値引きや交換条件を強く要求してきたり、恩着せがましい態度をとったりします。「商品を購入してやるのだから、わがままをきくのは当然だ。これ以上、ねじ伏せられはしないぞ」という不信感の表れです。

一方、後者の場合、お客さまは論理面でも感情面でも納得しているうえに、営業マンを全面的に信頼しています。お客さまの気持ちが契約に向かっているのですから、細かなことは気にしないで、自信をもって契約へと導いていきましょう。

クロージングの流れ

お客さまの言葉や行動から
クロージングの兆候が見て取れたら……

Step1「小さな同意」を取りつけていく

Step2 反論が出てきたら、利益を要約して伝える

Step3 次の行動へと促す

小さな同意を積み重ねる

クロージングはタイミングが命です。早すぎても遅すぎても成功しません。

お客さまの気持ちが契約に傾いてきたときには、言葉やしぐさに兆候が表れます。これを見逃してはなりません。

お客さまが熱心に質問してきたり、体を乗り出してきたり、真剣に値切り始めたりしてきたときが、まさにクロージングのタイミングです。

なお、クロージングといっても、「これがクリアできたら契約してくださいますか」などと一気に迫ってはいけません。お客さまの質問に丁寧に答えつつ、反論が出ないことを確認しながら、お客さまの小さな同意を取りつけていきます。

「今月、ご入り用なんですよね」

「はい」

という形でお客さまの「ＹＥＳ」を積み重ねていくのです。

「もちろん来月の契約でも結構です。周囲の方の賛同を得られれば、話がスムーズに進み、お客さまも気がラクになりますよね」

「はい」

「実際に商品をお手に取ってご覧になれば、その場での契約も可能ですよね」

「はい」

「もちろんすぐ入荷できます。一応、在庫を確認したほうがいいですね」

「はい」

このようにYESを重ねることで、お客さまの購入への気持ちが再び高まっていきます。

反論されたら、利益を要約して伝えよう

この段階で質問や反論が出てきたら、お客さまが同意した利益を繰り返し要約して伝えましょう。

「この機能によって、コストを30％削減することができます」

などと簡潔に示し、利益を得られることをしっかり認識してもらいます。このステップを踏むことで、お客さまは小さな同意を積み重ね、契約へと心が動いていきます。

このように利益を要約したら、お客さまの不安は解消できたと考え、すぐ次の行動を促します。

「では、今週末には納入しましょう」

「いつ、ご都合がいいですか？」

「在庫をチェックしたら、明日の納入は可能ですよ」

押しつけがましくせずに、お客さまの購買意欲が増すように話すのがポイントです。とにかく、反論が出たら、メリットの要約を行い、ＹＥＳを積み重ねて、再びクロージングへと導く。このような流れを何度か行きつ戻りつすることで、確約の可能性はグンと高まります。

No.2

阻害する要因を取り除く

こんな点を見直そう

最後に、クロージングの際の反論に対して答えるポイント、心構えなど、いくつかの注意点をまとめておきます。

● **お客さまは購入するという前提で話す**……弱気の姿勢でいると、発言も弱腰になってしまう。「お客さまは購入する」という前提で積極的にお客さまに接する。

● **同意の話法を使う**……「そうですね」「おっしゃる通りです」「同感です」「なるほど」といった同意・同調のフレーズを心掛ける。

● **第三者の証言を活用する**……自社商品の推薦文、お客さまからの手紙、掲載記事などをファイルにまとめてお見せする。

●**他社、ライバル商品の批判をしない……**営業マンの品格を疑われるため禁物。他社を賞賛するくらいの余裕をもとう。

こうした点をクロージングに生かせれば、「あなただから買いたい」と思われる営業マンになれるでしょう。

自分を客観的に眺めてみよう

なお、何回商談を重ねても、なかなかクロージングに結びつかないことがあります。商品説明は十分にしている、お客さまの反論も解消した、小さな同意もたくさん取りつけている。でもＹＥＳが出ない。

そんなときは、自らを振り返ってみるといいでしょう。お客さまに好印象を与えようと努めても、コミュニケーション力が未熟だったり、お客さまが気になるようなクセがあったりすると、営業活動の妨げになることがあります。**巻末のチェック表を活用して、一度、自己点検してみることをお勧めします。**

No.3

これが絶好のタイミングだ！

お客さまの行動別・トーク例

お客さまの気持ちが契約に傾いてきたら、言動に何かしらのサインが表れます。そのサインを見逃さず、クロージングに持ち込みましょう。ここではクロージングに入るタイミングと、トーク例を紹介しておきます。

Talk

①熱心に質問してきたとき

購入の期待感を高めるようなアプローチをしましょう。

「そのようなご質問は大歓迎です。100％納得していただいたうえで、決断していただきたいと思います。ご契約内容をもう一度確認させていただきます」

「その点については心配なさらないでください。万全なフォロー体制が、弊社の強みです」

Talk

②話の途中で、たびたび質問してきたとき

イライラした様子を見せているときには、即決を促します。

「私がこれ以上、いろいろ申し上げる必要もなさそうですね。契約の手続き中におわかりにならないことは、また、その都度おっしゃってください」

「今のご質問につきまして、特別な約束事項としてご契約の約款にございます。まず、手続きを進めながらお応えするということで、よろしいですか？」

Talk

③見本を手に取って熱心に見始めたとき

「いかがですか。これが、万一のリスクからお客さまをお守りする商品です。気がかりな点はございますか？」

「実際に使用していただくと、今、想像していらっしゃる十数倍、効果について満足していただけると確信しております」

Talk

④体を乗り出して、熱心に話を聞き出したとき

「どちらを気に入っていただけましたか。……こちらでよろしいですか」

「もうすでに、ご自身で結論を出していらっしゃるんですね。私も○○さんの結論に賛成です」

Talk

⑤黙り込んで、ため息をついたとき

最低、一分は一緒に黙っていましょう。

「それでは、契約書を作成させていただいてよろしいですか」

Talk

⑥価格や支払い条件について触れてきたとき

「提示させていただいた条件でよろしいですか。ご希望に添うようにさせていただきましたが」

「お支払いの条件は、どのようにさせていただければ、確約していただけますか」

Talk ⑦アフターサービスについて触れたとき

「ホットラインを設けておりますので、随時どのようなことでも対応できます」

「私のほうから定期的にご連絡を差し上げますが、それでも緊急時にお役に立てるかどうかわかりませんので、私以外に弊社の○○（氏名）を配置して、万全に対応できるようにいたします。ご安心ください」

Talk ⑧真剣に値切り始めたとき

「めいっぱいの値段なら決められる、とおっしゃるんですね」

このように、クロージングの意志があるかどうかを確認してから、

「これ以上の値引きはハッキリ申し上げて不可能です。他の面で納得していただきたいと思いますが、ご希望の条件は？」

Talk

⑨周囲の人に相談し始めたとき

「きっと今、お話しされたことで、周りの皆さまも納得されているのではないでしょうか」

周囲の反応を伺い、同調してもらうよう促したうえで、

「周りの皆さまにも、私のほうから利益の要約を説明させていただき、理解していただければご決断、ということでよろしいでしょうか」

Talk

⑩「現物を見たい」と言ってきた場合

「この商品はサンプルのみで確認していただいても間違いのないものです。あとは○○さまに実際にお届けしますので、楽しみにお待ちください」

「実は、今、私が持参しております。ご覧ください。これが○○さまのお手元に届きます。後はご決断していただくだけです」

Talk

⑪他の購入者を尋ねてきたとき

「こちらの資料（データ）をご覧ください。購入後の成果です」

「お客さまの満足度を集計したアンケートです。ご覧ください。皆さまが一人残らず、完璧に満足されているものではないように見えますが、実際のところ、商品自体に対する不満ではなく、性能が良すぎるがゆえに、全機能を使いこなすには時間が必要であることを示した結果です。弊社にとってはありがたいことです」

Talk

⑫他社のカタログを取り出したとき

「すでに、他社の商品と比較検討を十分にされたうえで弊社にと、お考えいただき感謝いたします」

「他社との比較は、私どもも企業努力の一つとして、十分に研究しております。そのうえでの今回の提案です。互いの欠点をすべて補うことのできる商品をお勧めしています」

No.4 積極的な7つのクロージング方法

最後に、自信をもってお客さまにアプローチできるよう、クロージングのテクニックとトーク例を紹介します。クロージング方法は、次の7つに分類できます。

Talk ①「前提」に基づくクロージング

「お客さまはこの商品を購入する」という前提のもとに、クロージングを進める方法です。契約日、納入日時など、具体的なスケジュールを持ち出し、お客さまに現実感をもっていただきます。

「今日決めていただくと、来週末には納品可能なようにしてあります」
「ぜひとも来月から、ランニングコスト25％削減を実現なさってください」
「契約に必要な書類は、全て揃えて参りました」

Talk ②「副次的な質問」によるクロージング

お客さまが感じている疑問に答えた後、こちらからも質問をして、お客さまの小さな同意を得ながら、購入決定に導く方法です。

「もうすでにお気持ちは決まっていらっしゃるようにお見受けいたしますが、これでよろしいですか？」

「ご提案したプランのなかで、もしお決めになるとしたら、どれがお気に召しましたか？」

Talk ③「二者択一の質問」によるクロージング

お客さまに二つの選択肢から一つを選んでいただく方法です。この質問に答えることで、お客さまの気持ちが固まっていきます。また、この質問に答えるということは、購入する気持ちがある証拠です。

「お急ぎでしたら、今月末にでもお届けしますが、来月初めのほうがよろしいですか？」

「分割でのお支払いですか、現金でのお振り込みですか？」
「左ハンドルですか、右ハンドルですか？」

Talk ④「承諾先取り」によるクロージング

前もって営業マンが購入に関する手配をしておき、お客さまに承諾をいただくだけの状態でクロージングする。

「ご購入後のサポート責任者も決めておりますので、本日よろしくお願いします」
「一応、ボディは同色のもので、内装はダーク系、ライト系の両方を押さえてきました」

Talk ⑤「誘導」によるクロージング

「限定」「キャンペーン」など、商品を購入すると、サービスやオプションがつく場合に有効です。

「○○さまのご家族に対する愛情は、私も見習いたいです。ご家族が喜ばれる顔が、目に見えるようですね」

「キャンペーン中の優遇金利は今月のみの限定です。実行までに一週間少々の時間がかかりますから、今日のご決断は最善です」

Talk

⑥「切迫感」によるクロージング

早くこの商品を手に入れないと利益をつかみ損なう、人気が高く品薄状態が続いているなど、お客さまの購入意欲を刺激する方法です。

「わざわざ、効果を実感していただく期日を先延ばしされることには反対です。成長企業のトップの方は即断即決です。○○社長であればおわかりいただけると思います」

Talk

⑦「引き」によるクロージング

「いろいろ、調整役の方がいらっしゃっては、今日のご決断は無理ですね？」

このトークの背後には、「お客さまなら、今日、結論を出せるはずです」といったメッセージがこめられています。

「ご家族に反対されては、元も子もありませんが、大丈夫ですか？　仮にご家族がいい顔をされない場合はありますか？……（間をおく）……○○さまご自身、ご家族に納得していただける自信はおありですか？」

このようにお客さま自身の決断を強化していくといいでしょう。

「あまりお時間がかかるようなら、出直しましょうか？」

本当に出直す気などなく、「いや、今でいい」という反応を引き出すための、ちょっとした高等テクニックなので、お客さまの反応をよく確かめたうえで使いましょう。

エピローグ

自分の力を最大限に発揮する方法

習慣の壁を越える方法

営業活動の姿勢、心構え、スキルがおわかりいただけたと思います。あとは、本書のスキルを実際に活用しながら、自由自在に使いこなせるようにしていきましょう。

なお仕事にも生活にも「習慣の壁」があり、それを越えるにはエネルギーがいります。そこで、日々モチベーションを上げていけるような目標設定が必要です。たとえば、

「今年はアポ取りやクロージング率のアベレージを30ポイント上げたい。そのためには今までのやり方を変えて、新しいトークを考え、訓練してみよう」

「一日三プレゼンを試してきたが、どうも業績が上がらない。一日五プレゼンを試みよう。そのためには、今までのスケジュールを検討して、新しいタイムマネジメントの技術を学ぼう」

こうした仕事の成果に直結する目標こそが、結果を出すうえで欠かせません。目標を設定するときのポイントは、自分に多少の負荷がかかるレベルにすることです。これにより、「習慣の壁」を破り、新たな進化を遂げることができるのです。

成果を最大化する秘訣とは？

目標の立て方次第で、成果は大きく変わってきます。

目標を持つときに大切なのは、何かを「やめるプラン」ではなく、何かを「するプラン」を立てることです。

たとえば、「平均以下の売上げにならないようにしよう」という目標と、「平均以上の売上げを出そう」という目標があるとします。

どちらも似たような目標ではありますが、この二つには大きな違いがあります。「平均以下の売上げにしない」というプランは、常に平均以下に焦点を当てることになります。マイナスイメージを描くことになるため、すべての行動が消極的、受け身になってしまいます。

一方、「平均以上の売上げを出す」プランの場合は、常に平均以上に焦点を当てていますから、プラス発想で行動できます。モチベーションもグングン上がり、結果として、平均以上の成果を上げることができるのです。

「するプラン」とは、専門的な言葉では、ポジティブ・メンタル・アティテュード（積極的プラス思考姿勢）と言います。

これには、「どうなりたいか」を鮮明にイメージする力があり、「思考」を鮮明にし、「行動」によい影響を与える効果もあります。「あんなふうになりたい」「こう変わりたい」という願望や目標は、意志の力だけに任せていては消えてしまいがちです。

一方、「何を」「いつまでに」「どうなりたいか」を明確にすることで、心のエネルギーは倍増します。日々の営業活動の成果を最大化するには、日々の心のあり方が大事なのです。

現状とゴールをつねに見比べよう

目標を達成し、願望を具現化するために、日々の計画を立てて行動しましょう。私は仕事に慣れてきた時点で、営業活動に使っている時間を見直してみました。

すると、生産的な業務時間は、月のうち十日くらいだということがわかりました。経験を積むうちに、ずいぶん余裕が出てきたのです。

そこで、勉強会を開催したり、あちこちのセミナーに参加したりする機会をもちました。週間、月間、年次別の計画を立てて、活動の範囲と種類を増やしていったのです。そのうちに研修のスピーカーの資格を得て、月に一度、講師をするようになり、現在の道が開けてきました。

このように、自分の営業活動を徹底的に洗い出し、時間配分を見直してみると、将来の計画が立てやすくなります。計画を立てることで、自分が目指すゴールのどのあたりにいるのかが把握できます。まだ三合目なのか、七合目まで進んでいるのか。それがわかれば、今やるべきことが、さらに具体的に見えてきます。

つねに進化していくために

計画を立てたら、適宜、軌道修正しながら実行していきましょう。日々、「何を」「いつまでに」行うか、という点を点検していきます。

日常の業務計画でも、一週間、一ヵ月、半年と期限を決めて作成したら、計画と実行（成果）をすり合わせていきます。毎日、計画通り実践できているのかチェックしていくことが肝心です。計画通りに進んでいなければ、計画を修正しながら、現実的な対策を講じていきましょう。

こうしてつねにゴールを意識しながら、小さな成功を積み重ねていくことで、着実に力をつけ、目覚ましい成果を出すことができます。自ずと日々の仕事を楽しむ心のゆとりも生まれてきます。

私は決して器用な営業マンではありませんでした。だからこそ、目標を立て、試行錯誤しながら、周囲の営業マンのいいところを取り入れてきました。不器用なりにも道を耕してきたことが、自らの営業マンとしての種を育て、成功の花を咲かせる栄養になったのだと思います。

「あんなふうになりたい」という理想と、「これをやればいい」というスキルさえ忘れなければ、いつでも動き出せ、新しいお客さまとの出会いを成果に変えていくことができるのです。

ぜひ、あなたもご自身の力を大いに開花させながら、営業という仕事の醍醐味を味わってください。

なお本書は、ロングセラーとなった拙著『営業の超・基本！50』を元にして、トーク例の一部を見直して、加筆、修正しました。新たな読者の皆さまのご期待にそえる本であると自負しております。

本書を手に取った皆さまの目標達成の一助となれば幸いです。

巻末付録

・4つの「コミュニケーションスタイル」を知っておく

・「聴く習慣」のチェックリスト

・クロージングに導く準備

・「クロージング」のチェックリスト

・自己分析①「成長課題を知る」

・自己分析②「自分のタイプ」を知る

な態度で接します。

お客さまの願望と営業マンの解決案が、どのように結びつくのかを「資料」「写真」「図表」などを用いて、論理的に説明し、利益を強調するのが、購入決定を促すポイントです。

■「感情派」のお客さまへの対応

情緒豊かで、温かい雰囲気があり、打ちとけやすいタイプです。友情や好意などを論理よりも高く評価して、いろいろと質問しながら無駄話を楽しむ面もあります。

人が自分をどのように評価するかに関心があり、認められることにも、批判されることにも、敏感に反応します。ウマが合えば信頼され、購入決定も早いでしょう。

商談では、お客さまが興味をもっていそうな話題から本題に入ります。お勧めする商品・サービスが、問題解決の場面で、どのように使われているのかを事例を挙げて説明します。

お客さまの話には熱心に耳を傾け、「認められたい」「ほめられたい」という欲求を刺激すると、購入決定に結びつきやすいでしょう。

■「改新派」のお客さまへの対応

新しいアイデアを高く評価する直観型です。物事を概念的に捉え、問題解決の方法をいく通りも考えることを好みます。たくさんの代案を用意する必要があります。

ただし、抽象的な思考の堂々巡りにはまることもあります。こういうタイプとの商談では、お客さまと一緒に考え、アイデアを出し合い、新機軸をたくさん打ち出していきます。

このとき、プラス面とマイナス面をはっきりさせることが大事です。「新しいことを考え、それを達成させ、変化をもたらしたい」という欲求が強いので、発想を磨いておく必要もあります。お客さまの質問に対して真摯に答える姿勢を貫きましょう。

4つの「コミュニケーションスタイル」を知っておく

一人のお客さまにはいろいろな面が見られますが、次の「4つのタイプ」のいずれかに近いと考えて接するといいでしょう。コミュニケーションの仕方、興味を示す話題、服装などから、お客さまの人となりや価値観を見抜きましょう。お客さまが快く購入を決定できるように、話の内容やコミュニケーションスタイルを調整していくうえでのヒントにしてください。

■「行動派」のお客さまへの対応

行動的で結果を重視するタイプです。「時間がないから早くして手短にね」「で、用件は」と、てきぱきと事を運びます。

のろのろしたり、細かすぎる営業マンとはそりが合いません。こうした営業マンの場合、お客さまは権威的に振る舞います。事実を好み、あまり思索的ではありません。物事の決定は自分一人で決めます。

商談では、ストレートに本題に入り、結果を示して事実だけを話します。質問するときは、まわりくどくなく、聞きたいことを直接ぶつけるほうが好感をもたれます。お客さまの長所を評価すると、購入決定に結びつきます。

■「思考派」のお客さまへの対応

慎重で熟考型のタイプです。「うん？　本当だろうか」「ちょっと資料を見せて」「他に事例はないの」などと、考え込む場面がよく見られます。懐疑的になることもあり、たくさんの情報を欲しがります。

行動に移すまでに時間がかかり、ルールを守り、周囲の人ともよく相談してからといったように、決定責任を分担します。

商談では、「よく考えていただいて結構です」という支持的

	だいたいいつでも	ときどき	めったにない
⑦感情的になりやすいお客さまに、たとえ苛立ちを感じたとしても、自分の感情をお客さまに見せることなく、うまくコントロールすることができる。	□	□	□
⑧商談の準備をするに当たって、「自分の話でいくつかは、お客さまがはっきりわからないかもしない」と想定している。	□	□	□
⑨いつでも自分の返事をする前に、お客さまの見方や考え方を要約している。	□	□	□

【判定結果】

＜点数　24～27点＞

おめでとうございます。あと一歩で完全な聴き手になれます。自分から話しすぎたり、お客さまの話を遮ったりすることはありません。また、お客さまを理解することに努めています。友達や家族に、あなたの聴き方の良い点について指摘してもらい、良い点を積極的に伸ばすといいでしょう。

＜点数 18～23点＞

あなたの聴く習慣は、多少改善する必要がありそうです。どの点を見直す必要があるのか、一度点検してみましょう。意識するだけでもだいぶ改善できるはずです。

＜点数 17以下点＞

改善の余地がありそうです。訪問営業中に、お客さまからの大切な情報をかなりの割合で聴き損なっています。まずは、相づちを打ちながら、じっくり聴く機会を増やしましょう。

「聴く習慣」のチェックリスト

　あなたの聴く態度を振り返り、□にチェックをつけましょう。「だいたいいつでも」を３点、「ときどき」を２点、「めったにない」を１点として、合計点を計算してみましょう。

	だいたいいつでも	ときどき	めったにない
①面会や商談で自分がする質問は、お客さまの話に反応しながら行う質問が大部分である。	□	□	□
②お客さまが求めていることや、商品について話しているとき、その意見に自分が同意する、しないにかかわらず、注意深く耳を傾けている。	□	□	□
③お客さまの言わんとすることについて、完全に理解してから、どう反応するかを決める。	□	□	□
④お客さまが自分に話しかけているとき、たえずお客さまの様子に注意を払っている。	□	□	□
⑤誰の意見にも耳を貸している。たとえその話が、政治、宗教、人種などの議論の種になっているような話題でも。	□	□	□
⑥お客さまが話し終わるまで待ってから、自分の話したいことを話すようにしている。	□	□	□

クロージングに導く準備

【問1】
プレゼンが終わり、いよいよクロージングをかける場面になりました。でも、お客さまは、商品・サービスの価格が少し高いと感じているようです。このお客さまに、「説明によるコントロール」（162ページ参照）を行い、商品・サービスがもたらす利益や、長期的な価値を認めるような方向に導きたいと考えています。現在、取り扱っている商品・サービスを題材にして、説明してみましょう。

【問2】
お客さまの関心を引くために、「行動によるコントロール」（164ページ参照）を試みたいと思います。商品・サービスに関する資料などを活用して、お客さまに効果を実感していただくには、どのような方法があるか考えてみましょう。

【企業の場合】

【個人の場合】

【問3】
過去に、お客さまと接していて、願望や欲求が明確でなく、話が進まなかった場合を想定してください。そのとき、どのような「探りによるコントロール」（165ページ参照）を行えば、望む方向へ話が展開したと思いますか。お客さまへの質問事項を書き出してみましょう。

【企業の場合】

【個人の場合】

「クロージング」のチェックリスト

以下の６つのクロージングの態度に、あなたは賛成ですか、それとも反対ですか。その理由についても考えながら、自己点検してみましょう。

①訪問営業では、準備を十分にして行けばクロージングもうまくいく。お客さまのことをよく調べれば、どんなことが期待されているか予測でき、訪問しても問題点の指摘、利益に関する要約などが容易にできる。（□賛成　□反対）

②商品・サービスがもたらす利益を熱意をもって説明すれば、クロージングはうまくいく。クロージングに入る時期について迷うこともないし、自分の積極的な姿勢が必ずお客さまに好ましい影響を与える。（□賛成　□反対）

③お客さまが買う気になったときは感じでわかる。素振りや質問内容にサインが表れるからだ。質問には適切に答えて、タイミングを逃さずにクロージングに入る。（□賛成　□反対）

④粘り強くやればクロージングが成立するとは限らない。小さなクロージングを織り込んでいくと、お客さまは苛立ったり、逃げ腰になるので、一度で決まらなければ諦める。
（□賛成　□反対）

⑤セールスの締めくくりに、商品・サービスについての総合的な利益の要約を行う。そして機会を捉えて、話に出なかった特徴についても触れておき、メリットを感じてもらう。
（□賛成　□反対）

⑥決して売れるという前提で話を進めない。お客さまから要求されるか、実際に注文を受けるまでは、これからの段取りの予定や納品日の設定を、決してちらつかせたりしない。こうすれば即決が得られる。（□賛成　□反対）

D　利益の説明ができる

お客さまのウォンツを把握したうえで、商品・サービスを購入することが「問題解決に結びつく」「経済的な利益を得る」「よい気分を味わえる」といった利益に結びつく説明ができる力を備えることで、納得して購入を決断していただけるようになります。

E　目標達成を志向する

お客さまの目標達成のお手伝いをしよう、お役に立とう、という意志を持ち続けることはとても大事です。お客さまの将来にお付き合いするのだという視点をもつわけです。

自分とお客さまが、共に目標達成する、という信念のもとに、生涯、友人のようにお付き合いできれば、お客さまはさらに成長して、利益を得ることができ、それによって営業マンも利益を得ることができます。

F　動機づけできる

目標は具体的に設定することで、強く動機づけられるものです。自分の目標がかすまないように、「今回は、この点を目標達成したい」などというように、つねに確認しながら行動しましょう。

G　計画性がある

計画とは、未来の出来事を今、決める行為です。どんな分野でも、学んだことを身につけ、プロといえる域にまで高めるまでに五千時間必要だといわれます。一年間は五十週。週休二日で一日八時間勤務とすると、営業活動に費やせる時間は、週四十時間です。どんなに一生懸命やっても、少なく見積もって二年半かかるということです。

このように数字を割り出して、日々の計画はもちろんのこと、中長期に渡る計画を立てましょう。複合的な視点で計画を立てることで、成長はより確かなものになります。

自己分析①「成長課題を知る」

A	よく聴くことができる	B	共に話すことができる
C	表現する力がある	D	利益の説明ができる
E	目標達成を志向する	F	動機づけができる
G	計画性がある	H	反論処理ができる
I	クロージング能力がある		

　上記の能力は営業マンが身につけておきたい能力です。222ページに、チェック表を設けているので、自分の強みや改善点を把握する際に役立ててください。なお、「Aよく聴くことができる」「H反論処理ができる」「Iクロージング能力がある」については、本文で詳しく説明しているので割愛します。

B　共に話すことができる

　営業場面では、お客さまの話を聴きながら、「こういう場合はどのように考えられますか？」「どうなるとよいとお考えですか？」などと、質問する姿勢が求められます。とくにクロージングの場面では、こうしてお客さまの小さな同意を積み重ねていくことが欠かせません。

　このようにお客さまとコミュニケーションすることが、営業において「共に話す」ということです。

　営業マンは、お客さまの問題を解決し、お客さまのウォンツを叶えるべく、一緒にいろいろなアイデアを出し合い、プランニングをしながら、話を進めていくパートナーの役割を担っています。

C　表現する力がある

　お客さまに必要な情報を、理解しやすい表現で提供する力です。お客さまの年齢、立場、生活環境に合った言葉を瞬時に選び出せるようにしましょう。

下記の表には、トップ営業マンが備えている能力が２つずつ組になっています。あなたは、２つの能力のなかで、どちらが優れていると思いますか。優れている能力のアルファベットに○をつけましょう。

E. 目標志向 I. クロージング	B. 共に話す I. クロージング	C. 表現する G. 計画性	G. 計画性 A. よく聴く
G. 計画性 D. 利益の説明	F. 動機づけできる E. 目標志向	F. 動機づけできる H. 反論処理	C. 表現する A. よく聴く
A. よく聴く B. 共に話す	D. 利益の説明 B. 共に話す	E. 目標志向 H. 反論処理	H. 反論処理 C. 表現する
C. 表現する E. 目標志向	I. クロージング F. 動機づけできる	G. 計画性 E. 目標志向	I. クロージング A. よく聴く
B. 共に話す G. 計画性	D. 利益の説明 H. 反論処理	H. 反論処理 G. 計画性	E. 目標志向 D. 利益の説明
F. 動機づけできる A. よく聴く	B. 共に話す F. 動機づけできる	A. よく聴く H. 反論処理	H. 反論処理 B. 共に話す
C. 表現する D. 利益の説明	C. 表現する I. クロージング	I. クロージング D. 利益の説明	I. クロージング H. 反論処理
F. 動機づけできる G. 計画性	C. 表現する B. 共に話す	A. よく聴く E. 目標志向	E. 目標志向 B. 共に話す
I. クロージング G. 計画性	F. 動機づけできる C. 表現する	D. 利益の説明 A. よく聴く	D. 利益の説明 F. 動機づけできる

上記の○で囲んだアルファベットを下の表に整理しましょう。
○印の数の合計を点数表に書き込み、現状を把握しましょう。

		点数
A. よく聴く		
B. 共に話す		
C. 表現する		
D. 利益の説明		
E. 目標志向		
F. 動機づけできる		
G. 計画性		
H. 反論処理		
I. クロージング		

自己分析②「自分のタイプを知る」

【自主性……□自信あり　□要改善】

組織の一員として、会社を代表しているという意識をもっています。新人であっても、営業という仕事に誇りをもって、日々行動できます。目標を達成するために動機づけを行い、計画を立てるのが得意。マーケット開拓、顧客確保を次々と行いながら、自分の考えで行動します。

【行動的……□自信あり　□要改善】

つねに成果を目指して仕事をします。アポ取り、飛び込み訪問など、考えるよりもまず行動するタイプです。時間を無駄にせず、数をこなしながら、自分流のやり方を見つけ、商談成立のために根気よくお客さまに接します。「何がまずいのだろう」と内省するよりも、「どうすれば売れるか」という方法論を熱心に考えます。

【現実的……□自信あり　□要改善】

率直で現実的です。自分の行動や成績を数値化、データ化して把握し、弱みを克服するよう努力できます。また、経験や修業から学ぶことを好み、売り上げアップにつながるトーク例や営業スキルを知ったら、それが古かろうが突飛だろうが、迷うことなく取り入れて実践する融通性ももち合わせています。

【社交性……□自信あり　□要改善】

人に対する純粋な興味や関心があり、さらに、自分に対するゆるぎない自信からくる豊かな表現力をもっています。この２つの特質を発揮して、お客さまをリラックスさせながら、巧みにリードするトークが武器です。いつも「早くお客さまに会って、この情報をお教えしたい」という気持ちにあふれています。

【スター性……□自信あり　□要改善】

つねに周りから注目されるスター性があります。自分の意志にかかわらず、目立つポジションに立たされることが多いのですが、やるべきことをきちんとやって、成果と評価を残します。また、自分自身も人が羨望するような地位にいることに憧れていて、そうなるように奮闘努力します。契約が一件まとまるたびに勝者の喜びを味わい、賞賛されることで、ますますモチベーションを上げていきます。

【冒険心……□自信あり　□要改善】

ハンディを克服して成果を上げることに、無上の喜びを感じます。障害があろうが意に介さず、むしろ障害は自分の力を試す絶好のチャンスと考えます。「あの社長は難しい人だよ」「この地域は契約を取りにくい」という逆境でこそ、人が考えつかない方法でお客さまの心をとらえ、長く付き合える信頼関係を築きます。物事の困難さより、その可能性に着目するのです。

著者略歴

松田友一（まつだ・ゆういち）

●——中央大学卒業。国内最大手自動車販売会社に入社。新人賞の受賞に始まり、全国年間優秀セールスマン表彰受賞等々、数々のタイトルと賞を総なめにする。

●——1990年に同社を退職し、米国系研修会社に入社。国内はもとより、米国、香港等でトレーナーとしての訓練を重ねる。1994年前人未到の世界記録で、世界NO.1トレーナーとして承認される。1998年国内研修会社に移籍。

●——2002年ASKグローバル・コミュニケーション株式会社創業、代表取締役としてトップセールスマン及び経営者の育成に力を注いでいる。これまでの受講者は延べ251,538人を超える。2010年、2011年、2014年、2015年には【LEADERS' AWARD】全国20万人の学生によって、志に憧れる経営者として450万社中の50人の中に選ばれる。2010年、ASKアカデミー・ジャパン株式会社設立、C.B.D（取締役会長）に就任。

●——著書に『成功を約束する営業トークトレーニング（生講演ＤＶＤ付）』（中経出版）、『実践！ セールストークの鍛え方』（ＰＨＰビジネス新書）、『「セールストーク」の基本＆実践力がイチから身につく本』（小社）などがある。

ASKアカデミー・ジャパン株式会社
〒170-0005　東京都豊島区南大塚3-12-9　喜多ビル５Ｆ
（ＴＥＬ）03-5956-7811　（ＦＡＸ）03-5950-7045
（ＵＲＬ）http://www.ask-gc.com　(Mail) info@ask-gc.com

営業の「超」基本！ 50

2014年7月26日　第1刷発行
2017年5月 3 日　第2刷発行

著　者　松田友一
発行者　徳留慶太郎
発行所　株式会社すばる舎
〒170-0013　東京都豊島区東池袋3-9-7 東池袋織本ビル
TEL 03-3981-8651（代表）
03-3981-0767（営業部直通）
振替　00140-7-116563
印　刷　株式会社シナノ

乱丁・落丁本はお取り替えいたします。

ISBN978-4-7991-0363-0